INTRODUCCIÓN

*Retrato de Gustavo
Adolfo Bécquer,
según el cuadro de
Valeriano Bécquer.*

ÉPOCA

El liberalismo moderado

1836, año en que nace Bécquer, es también el año del Motín de la Granja: un grupo de sargentos progresistas impone a la reina regente María Cristina la Constitución de 1812. Este hecho, culminación de una serie de levantamientos en distintas ciudades, es significativo de lo que será la situación política española durante todo el siglo: el conflicto permanente entre las dos ramas del liberalismo, la moderada y la progresista.

Este conflicto sucede al que, desde la guerra de la Independencia, enfrenta a los liberales (partidarios de una Constitución que reconozca el principio de la soberanía nacional y consagre las libertades) con los absolutistas (defensores del poder absoluto de la monarquía, y de la alianza de la Corona con la Iglesia). En 1836 el liberalismo ha triunfado, aunque los absolutistas continúen oponiéndose a él. La forma más violenta de esta oposición la representa el carlismo. Faltan, en 1836, tres años para que la primera de las cuatro guerras carlistas, que ensangrentarán al país, acabe, con el Convenio de Vergara.

La era isabelina

A la regencia progresista del general Espartero (1841-1843) suceden los moderados, cuyo hombre fuerte es Narváez. La revolución de 1854 inaugura un bienio progresista y, desde 1856 a 1868, se alternan en el poder los moderados y la centrista «Unión Liberal» de O'Donnell. Es la «era de Isabel II», que ha subido al trono en 1844, los «años de la moderación», los de la Constitución de 1845 con sus restricciones al sufragio y a la soberanía nacional; los años en que vive y escribe Bécquer.

Con la jura de la Constitución por Isabel II, se abre un proceso político en el que la moderación es el factor clave.

El enfrentamiento absolutismo-liberalismo, como luego moderantismo-progresismo, es, sobre todo, la expresión de un conflicto más profundo: la crisis del antiguo régimen y el advenimiento de una nueva sociedad, burguesa e industrial. Una economía basada en la agricultura, una población eminentemente rural, una cultura tradicionalista y católica, van a ser sustituidas, en este período, por una sociedad que se hace tímidamente urbana, financiera e industrial; la máquina de vapor y el ferrocarril cambian sustancialmente el horizonte económico y social; las antiguas creencias se adaptan a los nuevos intereses. Nuevos sectores sociales surgen (clases medias, obreros industriales) y en los estamentos dirigentes algo cambia: la Iglesia pierde gran parte de su poder económico y la aristocracia lo consolida enriqueciéndose con la compra de las propiedades eclesiásticas, a partir de la Desamortización de Mendizábal (1836).

La forma moderada de existencia

El liberalismo moderado se afianza, pues, sobre estas nuevas clases, y lo que se ha llamado «forma moderada de existencia» se prolongará hasta la Restauración (1874-1902): años grises, de prudencia y de orden (la Guardia Civil ha sido creada en 1844), de calma interior y de «patriotismo» que exalta la intervención militar de 1859 en Marruecos o la guerra del Pacífico, de 1862 a 1866; años de negocios en la Bolsa y de inversiones de capital extranjero; de pacto político y de recelo ante todo lo que se sospecha revolucionario (movimientos demócratas y federalistas).

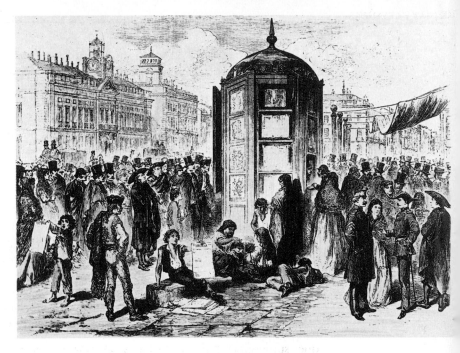

En 1868, sin embargo, la revolución de septiembre mostrará la fragilidad del moderantismo, la falta de respuestas políticas de éste para los cada vez más numerosos partidos al margen (progresistas, demócratas, «Unión Liberal») y para las clases populares, incorporadas con entusiasmo al movimiento. Respuestas que unos y otras buscarán trabajosamente durante el sexenio revolucionario (Regencia de Serrano, Monarquía de Amadeo, Primera República).

Es durante la agitación revolucionaria de ese septiembre, en el saqueo de la casa de González Bravo, ministro de Gobernación, cuando desaparece un manuscrito que contiene unos poemas, preparados para su publicación, de un periodista amigo del ministro, que ocupa, en ese momento, el cargo de censor de novelas. El periodista se llama Gustavo Adolfo Bécquer y le quedan de vida, entonces, algo más de dos años.

Grupo de gente leyendo los decreto del Gobierno provisional de 1868.

LITERATURA

El romanticismo

La década que va de 1830 a 1840 había sido, en España, la del triunfo del romanticismo. Mucho más que un movimiento literario o artístico, éste había supuesto una nueva manera de entender el mundo, en el momento en que, en toda Europa, la revolución política liberal y la revolución industrial hacen desaparecer el antiguo régimen. Crecimiento demográfico y expansión económica, anhelos reformistas, individualismo, movimientos nacionalistas, caracterizan a la primera mitad del siglo XIX, la época romántica.

De ver el mundo como algo estático y ordenado, inteligible por la razón, se pasa a concebir como una realidad en movimiento y misteriosa, en la que hay que sumergirse para conocerla. La razón sólo es considerada como una parte más de lo humano, que ignora precisamente lo más individual y lo más verdadero: el sentimiento y la imaginación. El «hombre universal» —una idea del ser humano que trasciende las diferencias personales, sociales y nacionales— va a ser desplazado por el «yo concreto», igual que la idea de una humanidad genérica lo será por la de pueblo.

La literatura romántica

La concepción del arte y de la literatura cambiará radicalmente: una obra artística ya no es, como hasta el siglo XVIII, un objeto hermoso, bien construido, sujeto a ciertas reglas, conseguido tras la paciente búsqueda de un lenguaje. Por el contrario, el arte es algo espiritual, algo que está más en quien crea que en el objeto creado; las formas son siempre insuficientes para expresar todo cuanto el artista desea, y hay, por ello, una cierta desvalorización del lenguaje. Se renuncia a la perfección y se prefieren obras que parezcan fragmentos, que mezclen lo sublime y lo grotesco, que subviertan todas las reglas y los modelos hasta entonces vigentes. No hay otra realidad para el arte que el yo y, precisamente, lo más privado, auténtico y escondido del yo: la imaginación, los sentimientos, lo inconsciente, el sueño.

Inevitablemente el romanticismo creó un lenguaje propio: una manera de escribir o de pintar. Y esta manera se hizo pronto tan convencional como la manera clásica. La sensibilidad romántica más profunda (que poetas como los alemanes Hölderlin o Novalis expresan con intensidad) se trivializa, se convierte en parte de una moda que se extiende por Europa y que, si no siempre alcanza logros artísticos notables, tiene gran importancia en la vida cotidiana, en la evolución de las costumbres, impregnadas paulatinamente de individualismo, de sentimentalismo y de gusto por el cambio.

La pintura recoge las vivencias románticas de la época, tal y como vemos en este óleo de A. Ferrant, denominado Asunto romántico.

El romanticismo literario español

La historia del romanticismo literario español es, al respecto, muy significativa. A un primer romanticismo de orientación conservadora, que ligaba el movimiento a la tradición española, a la Edad Media y al cristianismo, le sucede un romanticismo liberal que alcanza su mayor intensidad en 1833. En 1835 se estrena *Don Álvaro o la fuerza del sino*, del duque de Rivas. Son los años de la producción poética de Larra y de Espronceda, que expresan en sus obras un liberalismo radical, una ardorosa crítica contra la sociedad y un sistema que traicionaba los valores de libertad y progreso que decían defender mientras se entregaban al enriquecimiento, al mantenimiento a toda costa del orden y a una concepción tradicional de la moral.

En 1837 se publican las *Poesías* de Zorrilla, y en 1840 se estrena su *Don Juan Tenorio*. Ese mismo año aparecen las *Poesías* de Espronceda. El teatro, la poesía lírica, el cuadro de costumbres, la leyenda y la novela histórica son los géneros predilectos de la nueva literatura. Los derechos de la pasión y el genio, la confesión íntima, el entusiasmo o el fracaso amoroso, la descripción de una naturaleza asociada a los sentimientos, el gusto por lo pintoresco, la evocación del pasado histórico, son algunos de sus principales aspectos temáticos, así como la mezcla de lo cómico y lo trágico, la polimetría o el gusto por lo fragmentario, lo son en el terreno formal.

El fin del romanticismo

A mediados de siglo, algunos síntomas anuncian, sin embargo, un cambio en el gusto dominante. La publicación en 1849 de *La Gaviota*, de Fernán Caballe-

ro, supone el comienzo de una literatura tímidamente
realista, con su pretensión de mirar con objetividad y
con mesura hacia la realidad exterior. Una abundante
literatura satírica critica los tópicos románticos (ruinas, noche, suicidio, patetismo, locura). En 1854 el
entonces joven Valera constata el fin del movimiento.
Quedaba del romanticismo el gusto por lo concreto
y característico, y la valoración del sentimiento; pero
éste no pretenderá ya borrar el mundo, olvidar el
presente, que será, con sus conflictos sociales y políticos, la materia prima de la nueva literatura realista.
1868, el año de la revolución, señala el triunfo del
realismo. En 1870 se publica *La Fontana de Oro*, de
Pérez Galdós, y en la década que empieza aparecen
las primeras novelas de Alarcón y Pereda. A la
rebelión contra el mundo, que en buena medida
había significado el romanticismo, sigue así una
aceptación reflexiva del mismo.

La lírica posromántica

Desde los años cincuenta, la poesía lírica entra en
un período que se ha llamado posromanticismo y
que, acaso inesperadamente, proporciona los dos
mayores poetas del siglo: Bécquer y Rosalía de Castro;
en el fondo, los más auténticamente románticos.
Sobrevive el romanticismo en diversas tendencias.
Dos son las más significativas: una, tradicionalista,
continuadora de Zorrilla, se orienta hacia el pasado
histórico, cultiva las leyendas y busca una musicalidad extremada en sus versos; otra, una poesía reflexiva, se centra en los temas de la duda y la desesperación y debe mucho a Espronceda.
Ramón de Campoamor (1817-1901) es el iniciador
de un nuevo rumbo, que plantea teóricamente con
mucha lucidez. Defiende Campoamor una poesía que

El Romanticismo, en una de sus facetas, recupera nuestro pasado histórico, como queda patente en este óleo de Moreno Caballero, en que se representa a Roger de Flor en Constantinopla.

plantee ideas más que sentimientos, y un lenguaje cercano al lenguaje normal, en el que quepa lo prosaico y el humor, la brevedad y el ingenio. Él y Núñez de Arce (1832-1903), preocupado igualmente por una poesía de contenidos con la pretensión de influir en la sociedad, son los poetas triunfadores de la época. Ambos —igual que Zorrilla—, menospreciaron públicamente la poesía de Bécquer.

La verdadera renovación lírica viene de otros lugares. Por una parte, de la balada, breve poema narrativo y lírico, que Ruiz Aguilera intenta en español; por otra, de la inspiración de Antonio de Trueba en *El libro de los cantares* (1852) o de Augusto Ferrán en *La soledad* (1862), que parten de breves canciones populares, bien para adaptarlas, bien para imitarlas directamente. Una tercera influencia será la del poeta alemán Heinrich Heine, que, desde 1857, es repetidamente traducido, encontrando en él similar inspiración popular y a la vez un sentimiento íntimo y dolorido.

De este conjunto de influencias, que, desde luego, nada serían sin la personalidad individual del poeta, es de donde nace la poesía de Gustavo Adolfo Bécquer.

AUTOR

Infancia y primera juventud

Nace Gustavo Adolfo Bécquer en Sevilla el 17 de febrero del año 1836, quinto hijo del pintor José Domínguez Bécquer y de Joaquina Bastida y Vargas. En 1841 muere su padre y seis años más tarde su madre. Gustavo, que estudia náutica en el Colegio de San Telmo, institución reservada a jóvenes nobles y sin fortuna, es recogido por una de sus tías y frecuenta la casa de su madrina, Manuela Monnehay, en cuya biblioteca leerá a los principales autores románticos (Chateaubriand, Hugo, Byron, Espronceda...). Su vocación literaria es precoz y la comparte con sus amigos Narciso Campillo y Julio Nombela (por ellos y por Ramón Rodríguez Correa conoceremos muchos episodios de su vida). De los diez o doce años son sus primeros escritos, bajo la influencia tanto del romanticismo como de una inicial formación clásica. Es también aficionado a la pintura, como su hermano Valeriano, al que permanecerá siempre estrechamente unido.

Su adolescencia transcurre entre los estudios (de

Imagen de Sevilla, ciudad en la que nace Bécquer y donde vive su infancia y primera juventud.

pintura, una vez abandonado el Colegio de San Telmo, y, luego, de «latinidad»), un primer noviazgo, los paseos y las conversaciones con sus amigos. Éstos le recuerdan, desde entonces, silencioso y ensimismado, lleno de sueños literarios.

Sólo en Madrid, centro de la vida artística y cultural, parece posible realizar esos sueños. Bécquer prepara el viaje, consigue un poco de dinero y, por fin, deja Sevilla. Tiene, cuando llega a Madrid, dieciocho años.

Primeros años en Madrid

Los primeros años en Madrid son duros. Las esperanzas de un triunfo inmediato se desvanecen y Bécquer concibe la idea de una extensa obra, *Historia de los templos de España,* en la cual las grandes catedrales e iglesias del país serían descritas y exaltadas como expresión de una profunda religiosidad. Obsesionado con ello, se documenta y escribe, busca colaboradores y patrocinadores; sólo tres años después, en 1857, saldrá a la luz una parte de la obra, cinco entregas, para quedar luego suspendida.

Sus amigos, más realistas que él, le instan a buscar trabajos literarios de qué vivir, pero Bécquer se niega: «No se debe escribir, ni pintar, ni esculpir, ni componer música, más que cuando el espíritu siente la necesidad de dar a luz lo que ha creado en sus entrañas», dice. Encerrado en un pequeño círculo, sin dinero, sin iniciativas, cambia de domicilio varias veces, apenas sale, se siente decepcionado de Madrid.

Lentamente, sin embargo, va entrando en razón: participa en la fundación de un periódico efímero, *El Mundo,* y colabora en *El Porvenir* y *El Correo de la Moda,* y acepta otros trabajos ocasionales: escribir biografías de diputados (a real cada cuatro líneas)

sobre notas proporcionadas por un editor, o traducir y
adaptar obras de teatro, cosa que hará con García
Luna, firmando con el pseudónimo de *Adolfo Gar-*
cía. Incluso consigue un puesto de escribiente en la
Dirección de Bienes Nacionales, pero lo pierde rápida-
mente al ser sorprendido dibujando en horas de
trabajo.

El oficio de vivir

En 1858 Bécquer sufre una penosa enfermedad y,
para pagar los gastos que ocasiona, su amigo Ramón
Rodríguez Correa busca entre los papeles del enfermo
y encuentra *El Caudillo de las manos rojas.* Será la
primera de sus «leyendas» que se publique.

Tras la convalecencia, Bécquer conoce a Julia
Espín, hija del director de coros del Teatro Real, y se
enamora de ella. Visita con alguna frecuencia su casa,
a la que acuden músicos y escritores, y comienza a
escribir las «rimas». Julia es, muy probablemente, la
inspiradora de las primeras, pero la muchacha no le
corresponde.

En 1859, colabora en el periódico *La Época* como
crítico literario. Ese mismo año aparece también la
primera rima publicada personalmente por Bécquer:
Tu pupila es azul.

Continúa, entre tanto, su actividad teatral, estre-
nando varias zarzuelas. Una de ellas merecerá, al año
siguiente, una crítica muy dura de *La Iberia.* En una
carta de réplica, Bécquer expondrá, sinceramente, su
actitud ante la poesía: «... Tengo para mí que la
poesía lírica española sería una de las primeras del
mundo si con ella se comiese... La política y los
empleos, último refugio de las musas en nuestra
nación, no entraban en mis cálculos ni en mis
aspiraciones. Entonces pensé en el teatro y en la

zarzuela... No creo (sin embargo, que esa sea la senda) que conduce a la inmortalidad...».

En 1860 aparece el primer número de *El Contemporáneo* y en él la primera de las *Cartas literarias a una mujer*, de Bécquer, una reflexión sobre poesía y literatura. Se inicia así una colaboración que durará toda la vida del periódico, del que llegará a ser director en algún momento, y cuya ideología conservadora asume absolutamente el poeta.

En 1860 conoce a Augusto Ferrán, un joven poeta entusiasta de la literatura alemana. Cuando éste publique, al año siguiente, *La soledad,* Bécquer escribirá una reseña que se ha hecho famosa: en el libro del amigo descubre una poesía cuyas características principales son la brevedad, la espontaneidad, la falta de artificio, la capacidad de sugerir, que tanto influirán en su obra lírica.

En 1861 se casa con Casta Esteban, la hija de un médico oriundo de Siria, a la que había conocido el año anterior. Es, para sus amigos, una boda sorprendente e inesperada. En 1862 y 1865 nacerán sus dos hijos, pero no será un matrimonio feliz.

Entre 1861 y 1864 publica numerosas leyendas y narraciones, así como otros trabajos periodísticos, y continúa adaptando obras de teatro, ahora con la colaboración de Rodríguez Correa. Bécquer ha alcanzado un cierto éxito y su vida se ha hecho más estable; algunos viajes (a Toledo; al monasterio de Veruela, cerca de Vera del Moncayo, en Zaragoza; quizá a Sevilla...) le sacan de lo que parece una situación monótona. En 1864 permanecerá en Veruela algún tiempo, con su familia y la de Valeriano, y allí escribirá las *Cartas desde mi celda*. En ellas aparece un sentimiento de frustración y desengaño que contrasta vivamente con las ilusiones de su primera juventud.

«Seguramente que deseo vivir, porque la vida, tomándola tal cual es, sin exageraciones ni engaños, no es tan mala como dicen algunos; pero vivir oscuro y dichoso en cuanto es posible, sin deseos, sin inquietudes, sin ambiciones... He aquí hoy todo lo que ambiciono. Ser un comparsa en la inmensa comedia de la humanidad...».

En 1864, González Bravo, ministro de Gobernación, que había sido periodista y admiraba a Bécquer, le hace titular del departamento del Ministerio encargado de la censura de novelas en materia religiosa y moral. Bécquer consigue por ello una retribución muy elevada (24.000 reales al año: en los años sesenta, un obrero ganaba unos 3.000 reales al año y un empleado de ferrocarril en torno a los 8.000). Salvo el período de 1865 a 1866, en que el propio González Bravo se ve obligado a abandonar el Ministerio, Bécquer disfrutará de ese cargo hasta el 1868.

De *El Contemporáneo,* que desaparece en 1865, pasa, como director literario, a la revista *El Museo Universal,* donde publica reseñas, artículos breves y comentarios a ilustraciones (entre otras, las de su hermano Valeriano). También aparecen en *El Museo...* varias rimas. En 1867, Bécquer prepara un manuscrito con todas ellas, que González Bravo piensa publicar a sus expensas, prologándolas.

Los últimos años

En 1868 se separa de su mujer, que mantiene relaciones con otro hombre; fruto de éstas nacerá un niño, que Bécquer reconoce como suyo.

Ese mismo año, la revolución de septiembre hace caer a la reina Isabel II. El palacio de González Bravo es saqueado y en el tumulto desaparece el manuscrito de las rimas, que el poeta ha entregado al ministro. Éste abandona Madrid, rumbo al exilio, y Bécquer le acompaña, para regresar no obstante al poco tiempo.

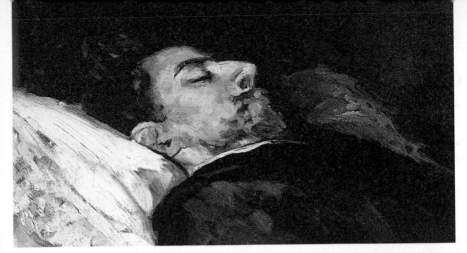

Gustavo Adolfo Bécquer en su lecho de muerte. Óleo de Palmaroli.

Pierde su puesto de censor de novelas y, con su hermano, se instala en Toledo. Les acompañan los hijos de ambos (también Valeriano se había separado de su mujer varios años antes).

Es una época de abatimiento. Bécquer reconstruye de memoria las rimas en el *Libro de los gorriones:* es el manuscrito que hoy conservamos.

A finales de 1869 regresa a Madrid. En 1870 vuelve al periodismo, como director literario de *La Ilustración de Madrid,* donde publica regularmente artículos, y concibe nuevos proyectos. En septiembre muere Valeriano. Se reconcilia con Casta, quizá sólo aparentemente, y reencuentra a Campillo, su amigo de la infancia, a quien entrega el manuscrito de sus obras, encargándole que las corrija y publique. Dirige aún un último periódico, *El Entreacto,* donde aparecerá su último trabajo, inacabado, *Una tragedia y un ángel.*

Una fría mañana de diciembre, tras un viaje en la parte descubierta de un ómnibus, Bécquer cae enfermo. El día 20, en presencia de Augusto Ferrán, quema su correspondencia amorosa. Dos días después, a las diez de la mañana, Bécquer moría. Tenía treinta y cuatro años. Ese mismo día, el 22 de diciembre de 1870, hubo un eclipse de sol en Madrid. Las últimas palabras del poeta fueron: «Todo mortal.»

CUESTIONES

► ¿Bajo qué régimen político vive España de 1836 a 1868?

► ¿Cuáles son los principales aspectos de la visión del mundo romántico?

► ¿Cuáles son las principales características de la literatura romántica?

► ¿En qué años se produce en España el triunfo del romanticismo y quiénes son los principales autores?

► ¿Cuáles son las tendencias más significativas de la poesía lírica española en la segunda mitad del siglo XIX?

► ¿Cuáles son los hechos más importantes de la vida de Bécquer?

► ¿Cuál es la ideología política de Bécquer?

► ¿Cuál fue la profesión de Bécquer? ¿Tiene alguna relación con su producción literaria?

► Además de las Rimas y las Leyendas, ¿qué otras obras escribió Bécquer?

CRITERIO DE ESTA EDICIÓN

Para el texto de la *Introducción sinfónica* y las *Rimas* seguimos el manuscrito de Bécquer (*Libro de los gorriones*, Biblioteca Nacional de Madrid, ms. 13.216), edición facsímil de Guillermo Guastavino Gallent, Rafael de Balbín y Antonio Roldán, Ministerio de Educación y Ciencia, Dirección General de Archivos y Bibliotecas, Madrid, 1971. Hemos tenido en cuenta las lecturas de José Pedro Díaz (*Bécquer. Rimas.* Ed. Espasa Calpe, Clásicos Castellanos, Madrid, 3.ª ed., 1975), Robert Pageard (*Rimas de G. A. B.* Ed. C.S.I.C., Madrid, 1972), y María del Pilar Palomo (*Libro de los gorriones*, Ed. Cupsa, Madrid, 1977). Se normaliza la ortografía y se corrigen algunos esporádicos errores sintácticos (pero no el leísmo de cosa, usual en Bécquer). Se sigue la ordenación tradicional de las *Rimas* (la de la edición, póstuma, de

Fortanet, 1871), si bien se hace constar, entre paréntesis, el lugar que ocupan en el manuscrito. Se añaden las rimas que no se incluyeron en la edición de Fortanet.

Para el texto de las *Leyendas* seguimos la edición de Rubén Benítez (*Leyendas, apólogos y otros relatos.* Ed. Labor, Barcelona, 1974), que se basa en las versiones originales publicadas en la prensa de la época.

RIMAS Y LEYENDAS

INTRODUCCIÓN SINFÓNICA

Por los tenebrosos rincones de mi cerebro, acurruca-
dos y desnudos, duermen los extravagantes hijos de
mi fantasía, esperando en silencio que el Arte los
vista de la palabra para poderse presentar decentes
en la escena del mundo.   5

Fecunda, como el lecho de amor de la Miseria, y
parecida a esos padres que engendran más hijos de
los que pueden alimentar, mi Musa[1] concibe y pare
en el misterioso santuario de la cabeza, poblándola
de creaciones sin número, a las cuales ni mi activi-   10
dad ni todos los años que me restan de vida serían
suficientes a dar forma▼.

[1] Divinidades griegas que protegían las ar- tes; aquí, inspiración.

▼ La vida de los «hijos de la fantasía», que pugnan por salir al exterior, tropieza con
las limitaciones del lenguaje: es una de las ideas claves que sobre la poesía tiene
Bécquer.

Y aquí dentro, desnudos y deformes, revueltos y
barajados en indescriptible confusión, los siento a
15 veces agitarse y vivir con una vida oscura y extraña,
semejante a la de esas miríadas[2] de gérmenes que
hierven y se estremecen en una eterna incubación
dentro de las entrañas de la tierra, sin encontrar
fuerzas bastantes para salir a la superficie y conver-
20 tirse, al beso del sol, en flores y frutos.

Conmigo van, destinados a morir conmigo, sin que
de ellos quede otro rastro que el que deja un sueño
de la medianoche, que a la mañana no puede
recordarse. En algunas ocasiones, y ante esta idea
25 terrible, se subleva en ellos el instinto de la vida, y
agitándose en terrible aunque silencioso tumulto,
buscan en tropel por donde salir a la luz, de las
tinieblas en que viven. Pero ¡ay, que entre el mundo
de la idea y el de la forma existe un abismo que sólo
30 puede salvar la palabra; y la palabra, tímida y
perezosa, se niega a secundar sus esfuerzos! Mudos,
sombríos e impotentes, después de la inútil lucha
vuelven a caer en su antiguo marasmo[3]. Tal caen
inertes en los surcos de las sendas, si cesa el viento,
35 las hojas amarillas que levantó el remolino.

Estas sediciones[4] de los rebeldes hijos de la imaginación explican algunas de mis fiebres: ellas son la
causa, desconocida para la ciencia, de mis exaltacio-
nes y mis abatimientos. Y así, aunque mal, vengo
40 viviendo hasta aquí: paseando por entre la indiferente multitud esta silenciosa tempestad de mi cabeza.

Así vengo viviendo; pero todas las cosas tienen un
término y a éstas hay que ponerles punto.

El Insomnio y la Fantasía siguen y siguen procrean-
45 do en monstruoso maridaje. Sus creaciones, apreta-
das ya, como las raquíticas plantas de un vivero,
pugnan por dilatar su fantástica existencia, dispután-
dose los átomos de la memoria, como el escaso jugo
de una tierra estéril. Necesario es abrir paso a las

[2] Gran número.

[3] Inmovilidad.

[4] Sublevaciones.

aguas profundas, que acabarán por romper el dique, 50
diariamente aumentadas por un manantial vivo.
¡Andad, pues! Andad y vivid con la única vida que
puedo daros. Mi inteligencia os nutrirá lo suficiente
para que seáis palpables. Os vestirá, aunque sea de
harapos, lo bastante para que no avergüence vuestra 55
desnudez. Yo quisiera forjar para cada uno de
vosotros una maravillosa estofa[5] tejida de frases
exquisitas, en la que os pudierais envolver con
orgullo, como en un manto de púrpura. Yo quisiera
poder cincelar[6] la forma que ha de conteneros, como 60
se cincela el vaso de oro que ha de guardar un
preciado perfume. ¡Mas es imposible!

No obstante, necesito descansar: necesito, del mismo
modo que se sangra el cuerpo por cuyas hinchadas
venas se precipita la sangre con pletórico empuje, 65
desahogar el cerebro, insuficiente a contener tantos
absurdos.

Quedad, pues, consignados aquí, como la estela ne-
bulosa que señala el paso de un desconocido cometa:
como los átomos dispersos de un mundo en embrión 70
que avienta[7] por el aire la muerte antes que su
creador haya podido pronunciar el *fiat lux*[8] que
separa la claridad de las sombras.

No quiero que en mis noches sin sueño volváis a
pasar por delante de mis ojos en extravagante proce- 75
sión, pidiéndome con gestos y contorsiones que os
saque a la vida de la realidad, del limbo en que
vivís, semejantes a fantasmas sin consistencia. No
quiero que al romperse este arpa, vieja y cascada ya,
se pierdan, a la vez que el instrumento, las ignoradas 80
notas que contenía▼. Deseo ocuparme un poco del
mundo que me rodea, pudiendo, una vez vacío,

[5] Tela de seda con di-
bujos.

[6] Esculpir.

[7] Dispersa.

[8] «Hágase la luz»,
frase del Génesis.

▼ La escritura es la única forma de dar realidad, de exteriorizar ideas, sentimientos o
fantasías que, de otra manera, no serían nada. La metáfora del arpa aparecerá en la
rima VII.

apartar los ojos de este otro mundo que llevo dentro
de la cabeza. El sentido común, que es la barrera de
85 los sueños, comienza a flaquear, y las gentes de
diversos campos se mezclan y confunden. Me cuesta
trabajo saber qué cosas he soñado y cuáles me han
sucedido; mis afectos se reparten entre fantasmas de
la imaginación y personajes reales; mi memoria
90 clasifica, revueltos, nombres y fechas de mujeres y
días que han muerto o han pasado, con los de días y
mujeres que no han existido sino en mi mente.
Preciso es acabar arrojándoos de la cabeza de una
vez para siempre.

95 Si *morir* es *dormir,* quiero dormir en paz en la noche
de la muerte, sin que vengáis a ser mi pesadilla,
maldiciéndome por haberos condenado a la nada
antes de haber nacido. Id, pues, al mundo a cuyo
contacto fuisteis engendrados, y quedad en él, como
100 el eco que encontraron en un alma que pasó por la
tierra, sus alegrías y sus dolores, sus esperanzas y sus
luchas.

Tal vez muy pronto tendré que hacer la maleta para
el gran viaje: de una hora a otra puede desligarse el
105 espíritu de la materia para remontarse a regiones
más puras. No quiero, cuando esto suceda, llevar
conmigo, como el abigarrado[9] equipaje de un sal-
timbanqui, el tesoro de oropeles[10] y guiñapos que ha
ido acumulando la fantasía en los desvanes del
110 cerebro[▼].

....
[9] Confuso, mezcla de
muchas cosas distin-
tas.
....
[10] Láminas de latón
que imitan el oro,
adornos ostentosos
pero sin valor.

||||||||||||||||||||||||||||||||||||||||||||||||||||||||||||||||||||||||||||||||||||||||||||||||||||||||||||||||||||||||

[▼] Evocando la muerte, el poeta entrega su obra al mundo del que nació.

I (11)

Yo sé un himno gigante y extraño
que anuncia en la noche del alma una aurora,
y estas páginas son de ese himno
cadencias[1] que el aire dilata en las sombras.   5

Yo quisiera escribirle, del hombre
domando el rebelde, mezquino[2] idïoma,
con palabras que fuesen a un tiempo
suspiros y risas, colores y notas.

Pero en vano es luchar; que no hay cifra[3]   10
capaz de encerrarle, y apenas, ¡oh hermosa!,
si, teniendo en mis manos las tuyas,
pudiera, al oído, cantártelo a solas▼.

Compases, música.

Pobre.

Escritura musical mediante números; gno.

▼ Colocada en primer lugar en la ed. de 1871, adquiere cierto carácter de prólogo. Bécquer formula aquí su idea de la poesía: su existencia objetiva, la aspiración del poeta a reproducirla en lucha con el lenguaje, y su deseo, para ello, de conseguir *otro* lenguaje. Pero su empeño está condenado al fracaso.

II (15)

Saeta que voladora
cruza, arrojada al azar,
y que no se sabe dónde
temblando se clavará;

5   hoja que del árbol seca
arrebata el vendaval,
sin que nadie acierte el surco
donde al polvo volverá.

Gigante ola que el viento
10   riza y empuja en el mar,
y rueda y pasa y se ignora
qué playa buscando va.

Luz que en cercos temblorosos
brilla próxima a expirar,
15   y que no se sabe de ellos
cuál el último será.

Eso soy yo, que al acaso[1]
cruzo el mundo sin pensar
de dónde vengo ni a dónde
20   mis pasos me llevarán▼.

....
[1] Al azar, por casualidad.

III (42)

Sacudimiento extraño .
que agita las ideas,
como huracán que empuja
las olas en tropel.

▼ El desconocimiento del destino se expresa a través de una enumeración de imágenes cuyo sentido se explica al final. Obsérvese el paralelismo semántico y sintáctico de las estrofas.

Murmullo que en el alma   5
se eleva y va creciendo,
como volcán que sordo
anuncia que va a arder.

Deformes silüetas
de seres imposibles,   10
paisajes que aparecen
como al través de un tul[1].

Colores que fundiéndose
remedan en el aire
los átomos del Iris[2]   15
que nadan en la luz.

Ideas sin palabras,
palabras sin sentido;
cadencias que no tienen
ni ritmo ni compás.   20

Memorias y deseos
de cosas que no existen;
accesos de alegría,
impulsos de llorar.

Actividad nerviosa   25
que no halla en qué cmplearse;
sin riendas que le guíen
caballo volador.

Locura que el espíritu
exalta y desfallece,   30
embriäguez divina
del genio creador.

Tal es la inspiración.

35   Gigante voz que el caos
        ordena en el cerebro,
        y entre las sombras hace
        la luz aparecer.

        Brillante rienda de oro
        que poderosa enfrena[3]   ....
40   de la exaltada mente   [3] Sujeta.
        el volador corcel.

        Hilo de luz que en haces
        los pensamientos ata,
        sol que las nubes rompe   ....
45   y toca en el cenit[4].   [4] Punto más alto del
                                                        cielo.

        Inteligente mano
        que en un collar de perlas
        consigue las indóciles
        palabras reunir.

50   Armonïoso ritmo
        que con cadencia y número
        las fugitivas notas
        encierra en el compás.

        Cincel que el bloque muerde
55   la estatua modelando,
        y la belleza plástica
        añade a la ideal.

        Atmósfera en que giran
        con orden las ideas,
60   cual átomos que agrupa   ....
        recóndita[5] atracción.   [5] Escondida.

Raudal en cuyas ondas
su sed la fiebre apaga,
oasis que al espíritu
65   devuelve su vigor.

Tal es nuestra razón.

Con ambas siempre en lucha
y de ambas vencedor,
tan sólo al genio es dado
70   a un yugo atar las dos▼.

IV (39)

No digáis que agotado su tesoro,
de asuntos falta, enmudeció la lira[1];
podrá no haber poetas; pero siempre
habrá poesía.

[1] Instrumento de cuerda antiguo; aquí, poesía.

5   Mientras las ondas de la luz al beso
palpiten encendidas,
mientras el sol las desgarradas nubes
de fuego y oro vista,
mientras el aire en su regazo lleve
10   perfumes y armonías,
mientras haya en el mundo primavera,
¡habrá poesía!

Mientras la ciencia a descubrir no alcance
las fuentes de la vida,
15   y en el mar o en el cielo haya un abismo
que al cálculo resista,

▼ La rima se basa en una antítesis entre inspiración y razón, evocados, como en la rima anterior, por la enumeración de imágenes. Sólo al genio «le es dado» resolver, en el poema, el conflicto que las enfrenta.

mientras la humanidad, siempre avanzando,
no sepa a dó² camina,
mientras haya un misterio para el hombre,
¡habrá poesía!   20

  Mientras se sienta que se ríe el alma,
sin que los labios rían;
mientras se llore, sin que el llanto acuda
a nublar la pupila;
mientras el corazón y la cabeza   25
batallando prosigan,
mientras haya esperanzas y recuerdos,
¡habrá poesía!

  Mientras haya unos ojos que reflejen
los ojos que los miran,   30
mientras responda el labio suspirando
al labio que suspira,
mientras sentirse puedan en un beso
dos almas confundidas,
mientras exista una mujer hermosa,   35
¡habrá poesía▼!

V (62)

  Espíritu sin nombre,
indefinible esencia,
yo vivo con la vida
sin formas de la idea.

||||||||||||||||||||||||||||||||||||||||||||||||||||||||||||||||||||||||||||||||||||||||||||||||||||||||||||||

▼ Hay una serie de realidades poéticas por sí mismas: la naturaleza, el misterio, los
sentimientos y el amor. Mientras estas realidades existan, haya o no poetas, la poesía
existirá. La anáfora de «mientras» prolonga la confianza del poeta en que ello será así
por mucho tiempo, quizás eternamente. La combinación de endecasílabos y heptasílabos y la asonancia serán aspectos métricos esenciales en las rimas.

5   Yo nado en el vacío,
del sol tiemblo en la hoguera,
palpito entre las sombras
y floto con las nieblas.

           Yo soy el fleco de oro
10   de la lejana estrella,
yo soy de la alta luna
la luz tibia y serena.

           Yo soy la ardiente nube
que en el ocaso¹ ondea,
15   yo soy del astro errante
la luminosa estela.

¹ Puesta de sol.

           Yo soy nieve en las cumbres,
soy fuego en las arenas,
azul onda en los mares,
20   y espuma en las riberas.

           En el laúd soy nota,
perfume en la violeta,
fugaz llama en las tumbas,
y en las ruïnas yedra.

25   Yo atrueno en el torrente
y silbo en la centella²,
y ciego en el relámpago
y rujo en la tormenta.

² Descarga eléctrica
entre nubes.

           Yo río en los alcores³,
30   susurro en la alta yerba,
suspiro en la onda pura,
y lloro en la hoja seca.

³ Montes de poca al-
tura.

           Yo ondulo con los átomos
del humo que se eleva

y al cielo lento sube 35
en espiral inmensa.

Yo en los dorados hilos
que los insectos cuelgan,
me mezco entre los árboles
en la ardorosa siesta. 40

....
4 Según la mitología clásica, divinidades femeninas que habitan en lugares húmedos.

Yo corro tras las ninfas[4]
que en la corriente fresca
del cristalino arroyo
desnudas juguetean.

Yo, en bosques de corales 45
que alfombran blancas perlas,
persigo en el Océano
las náyades[5] ligeras.

....
5 Ninfas de las fuentes y ríos.

Yo en las cavernas cóncavas
do el sol nunca penetra, 50
mezclándome a los gnomos[6],
contemplo sus riquezas.

....
6 Seres legendarios que trabajan en las profundidades de la tierra.

Yo busco de los siglos
las ya borradas huellas,
y sé de esos imperios 55
de que ni el nombre queda.

Yo sigo en raudo vértigo
los mundos que voltean[7],
y mi pupila abarca
la creación entera. 60

....
7 Dan vueltas.

Yo sé de esas regiones
a do un rumor no llega,
y donde informes astros
de vida un soplo esperan.

65   Yo soy sobre el abismo
          el puente que atraviesa,
          yo soy la ignota[8] escala   [8] Desconocidas.
          que el cielo une a la tierra.

          Yo soy el invisible
70   anillo que sujeta
          el mundo de la forma
          al mundo de la idea.

          Yo, en fin, soy ese espíritu,
          desconocida esencia,
75   perfume misterioso
          de que es vaso el poeta▼.

                        VI (57)

          Como la brisa que la sangre orea[1]   [1] Del verbo «orear»,
          sobre el oscuro campo de batalla,   dar el viento en una
          cargada de perfumes y armonías   cosa, refrescándola o
          en el silencio de la noche vaga.   secándola.

5   Símbolo del dolor y la ternura,
          del bardo[2] inglés en el horrible drama,   [2] Poeta (se refiere a
          la dulce Ofelia, la razón perdida   Shakespeare).
          cogiendo flores y cantando pasa▼▼.

▼ El pronombre «yo», que en las rimas designa continuamente al poeta, se refiere aquí, excepcionalmente, a la propia poesía: es ella la que habla de sí misma para comunicarnos que está en toda la realidad, como espíritu que la anima. Esto, y su carácter intangible, explican las imágenes de movimiento, esenciales en las rimas.

▼▼ La rima es una estampa de Ofelia, la enamorada de Hamlet en el drama de Shakespeare. Fue escrita por Bécquer ante la pregunta «¿Quién es Ofelia?», de su hermano Valeriano, el cual debía pintar un cuadro sobre este personaje.

VII (13)

Del salón en el ángulo oscuro,
de su dueña tal vez olvidada,
silenciosa y cubierta de polvo,
veíase el arpa.

¡Cuánta nota dormía en sus cuerdas,   5
como el pájaro duerme en las ramas,
esperando la mano de nieve
que sabe arrancarlas!

¡Ay!, pensé; ¡cuántas veces el genio
así duerme en el fondo del alma,   10
y una voz, como Lázaro[1], espera
que le diga: «Levántate y anda»!

....
[1] Personaje del Evangelio. Fue resucitado por Cristo.

COMENTARIO 1 (Rima VII)

► *Explica el contenido de cada una de las estrofas.*

► *Justifica que de la evocación de un objeto se pase a una reflexión.*

► *¿Cuál es la forma métrica de cada una de las estrofas?*

► *¿Tiene alguna finalidad expresiva la medida del v. 4, distinta a la de los versos anteriores?*

► *El sujeto de la primera oración (primera estrofa) se encuentra al final, después de varios complementos y del verbo; en el v. 1 hay, además, un claro hipérbaton: ¿Qué valor expresivo tienen ambas cosas?*

► *¿Sobre qué imagen se construye el poema?*

► *El tema de la rima, ¿es una reflexión sobre la poesía? En este caso, ¿qué se dice de ella?*

► *Pon el tema del texto en relación con el de las rimas de la «primera serie». Recuerda que la imagen del arpa aparece también en la «Introducción sinfónica».*

VIII (25)

Cuando miro el azul horizonte
perderse a lo lejos,
al través de una gasa de polvo
dorado e inquieto,
5 me parece posible arrancarme
del mísero suelo
y flotar con la niebla dorada
¡en átomos leves
cual ella deshecho!

10 Cuando miro de noche en el fondo
oscuro del cielo
las estrellas temblar, como ardientes
pupilas de fuego,
me parece posible a do brillan
15 subir en un vuelo,
y anegarme[1] en su luz, y con ellas
en lumbre encendido
fundirme en un beso.

En el mar de la duda en que bogo[2]
20 ni aun sé lo que creo;
sin embargo estas ansias me dicen
que yo llevo algo
divino aquí dentro.

[1] Ahogarme.
[2] Remo.

IX (27)

Besa el aura[1] que gime blandamente
las leves ondas que jugando riza;

[1] Brisa.

▼ A través de las imágenes de la niebla y de la luz, que aparecerán insistentemente en las rimas, el poeta expresa aquí sus ansias de ascensión y disolución, que, en la tercera estrofa, explica por la vaga conciencia de que hay algo divino en su interior.

el sol besa a la nube en occidente
y de púrpura y oro la matiza;
la llama en derredor² del tronco ardiente   5
por besar a otra llama se desliza,
y hasta el sauce inclinándose a su peso
al río que le besa, vuelve un beso▼.

² Alrededor.

X (46)

Los invisibles átomos del aire
en derredor palpitan y se inflaman,
el cielo se deshace en rayos de oro,
la tierra se estremece alborozada.

Oigo flotando en olas de armonías   5
rumor de besos y batir de alas;
mis párpados se cierran... ¿Qué sucede?
¡Es el amor que pasa▼▼!

XI (51)

—Yo soy ardiente, yo soy morena,
yo soy el símbolo de la pasión,
de ansia de goces mi alma está llena.
¿A mí me buscas?
—No es a ti: no.   5

▼ Una de las pocas rimas de métrica clásica (octava real). Su tema, el amor que todos los elementos de la naturaleza se profesan, anuncia el que va a ser predominante en la «segunda serie» (rimas XII a XXIX, según el orden que considera José Pedro Díaz en *Gustavo Adolfo Bécquer: vida y poesía*, Ed. Gredos, Madrid (1971)³, p. 374).

▼▼ El poeta siente que la naturaleza se transfigura y pregunta. La respuesta lo explica todo. El v. heptasílabo, frente a los anteriores, endecasílabos, subraya que no hace falta decir más.

—Mi frente es pálida, mis trenzas de oro,
puedo brindarte dichas sin fin.
Yo de ternura guardo un tesoro.
¿A mí me llamas?
10   —No: no es a ti.

—Yo soy un sueño, un imposible,
vano fantasma de niebla y luz;
soy incorpórea, soy intangible:
no puedo amarte.
15   —¡Oh, ven; ven tú ▾!

XII (79)

Porque son, niña, tus ojos
verdes como el mar, te quejas;
verdes los tienen las náyades,
verdes los tuvo Minerva[1],
5   y verdes son las pupilas
de las hurís[2] del Profeta[3].

El verde es gala y ornato
del bosque en la primavera.
Entre sus siete colores
10   brillante el Iris lo ostenta.
Las esmeraldas son verdes,
verde el color del que espera,
y las ondas del océano
y el laurel de los poetas.

[1] Diosa romana que representa la inteligencia.

[2] Nombre que dan los musulmanes a las hermosas mujeres que existen en su paraíso.

[3] Se refiere a Mahoma.

▾ Aparece aquí la «mujer ideal» de las rimas: la tercera estrofa la describe con palabras que son, todas ellas, claves de la poesía de Bécquer. Ella, inaccesible como todo ideal absoluto, es, no obstante, la deseada.

Es tu mejilla temprana   15
rosa de escarcha cubierta,
en que el carmín de los pétalos
se ve al través de las perlas.
   Y sin embargo,
   sé que te quejas,   20
   porque tus ojos
   crees que la afean:
   pues no lo creas.
Que parecen sus pupilas,
húmedas, verdes e inquietas,   25
tempranas hojas de almendro
que al soplo del aire tiemblan.

Es tu boca de rubíes
purpúrea granada abierta
que en el estío[4] convida   30
a apagar la sed con ella.
   Y sin embargo,
   sé que te quejas,
   porque tus ojos
   crees que la afean: 35
   pues no lo creas.
Que parecen, si enojada
tus pupilas centellean,
las olas del mar que rompen
en las cantábricas peñas.   40

Es tu frente, que corona
crespo[5] el oro en ancha trenza,
nevada cumbre en que el día
su postrera luz refleja.
   Y sin embargo,   45
   sé que te quejas,
   porque tus ojos
   crees que la afean:
   pues no lo creas.

....
[4] Verano.

....
[5] Rizado.

50 Que, entre las rubias pestañas,
    junto a las sienes, semejan
    broches de esmeralda y oro
    que un blanco armiño sujetan.

    Porque son, niña, tus ojos
55 verdes como el mar, te quejas;
    quizá si negros o azules
    se tornasen, lo sintieras.

XIII (29)

    Tu pupila es azul y cuando ríes
    su claridad süave me recuerda
    el trémulo[1] fulgor de la mañana   [1] Tembloroso.
    que en el mar se refleja.

5   *Tu pupila es azul y cuando lloras*
    las transparentes lágrimas en ella
    se me figuran gotas de rocío
    sobre una vïoleta.

    Tu pupila es azul y si en su fondo
10 como un punto de luz radia una idea,
    me parece en el cielo de la tarde
    una perdida estrella▼.

XIV (72)

    Te vi un punto[1] y flotando ante mis ojos   [1] Un instante.
    la imagen de tus ojos se quedó,
    como la mancha oscura orlada en fuego
    que flota y ciega si se mira al sol.

▼ La rima está inspirada en un poema de Lord Byron (1788-1824) y fue la primera de las publicadas por Bécquer (en el periódico *El Nene*, 17-XII-1859), precisamente con el título «Imitación de Byron». En concreto, lo imita en la segunda estrofa.

Adonde quiera que la vista clavo 5
torno a ver sus pupilas llamear;
mas no te encuentro a ti, que es tu mirada,
unos ojos, los tuyos, nada más.

....
[2] Desprendidos
(aquí, del cuerpo).

De mi alcoba en el ángulo los miro
desasidos[2] fantásticos lucir: 10
cuando duermo los siento que se ciernen
de par en par abiertos sobre mí.

....
[3] Pequeñas llamas
procedentes de la
combustión de mate-
rias putrefactas.

Yo sé que hay fuegos fatuos[3] que en la noche
llevan al caminante a perecer:
yo me siento arrastrado por tus ojos, 15
pero adónde me arrastran no lo sé.

COMENTARIO 2 (Rima XIV)

► *Formula el contenido de cada una de las estrofas.*

► *De la evocación de los ojos se pasa a una reflexión sobre el destino personal: ¿en qué momento?*

► *¿Cuál es la forma métrica de las estrofas?*

► *¿Qué particularidades presenta la rima en este poema?*

► *El poeta escribe en primera persona dirigiéndose a una segunda: ¿de qué forma se manifiesta esto en el poema?*

► *¿Qué tiempos verbales aparecen? ¿Cuál es su explicación?*

► *Explica la comparación de los vv. 3-4 e indica qué otras cualidades se dicen de los ojos en el poema.*

► *¿Qué términos referidos a la luz aparecen en la rima y qué relación guardan con el sentido del poema?*

► *¿Por qué al final se comparan los ojos con «fuegos fatuos»?*

► *¿Qué sentimientos experimenta el poeta ante los ojos que vio un instante y que sigue viendo en su imaginación?*

XV (60)

Cendal[1] flotante de leve bruma,
rizada cinta de blanca espuma,
rumor sonoro
de arpa de oro,
5   beso del aura, onda de luz,
eso eres tú.

[1] Tela de hilo o seda, transparente.

¡Tú, sombra aérea, que cuantas veces
voy a tocarte, te desvaneces,
como la llama, como el sonido,
10   como la niebla, como el gemido
del lago azul!

En mar sin playas onda sonante,
en el vacío cometa errante,
largo lamento
15   del ronco viento,
ansia perpetua de algo mejor,
eso soy yo.

¡Yo, que a tus ojos, en mi agonía,
los ojos vuelvo de noche y día;
20   yo, que incansable corro y demente
tras una sombra, tras la hija ardiente
de una visión▼!

▼ En las rimas, «totalizador poema de amor», «las palabras *yo* y *tú* alcanzan el mayor índice de frecuencia» (Cfr. Palomo, María del Pilar: Introducción a su ed. de *El libro de los gorriones*, Ed. Cupsa, Madrid, 1977, p. XLI). Aquí, el *tú* de la mujer amada, intangible, evanescente, es inalcanzable por el *yo* del poeta. Obsérvese cómo uno y otro son evocados con imágenes visuales, sonoras y de movimiento.

XVI (43)

Si al mecer las azules campanillas
    de tu balcón
crees que suspirando pasa el viento
    murmurador,
sabe que oculto entre las verdes hojas   5
    suspiro yo.

Si al resonar confuso a tus espaldas
    vago rumor,
crees que por tu nombre te ha llamado
    lejana voz,   10
sabe que entre las sombras que te cercan
    te llamo yo.

Si se turba medroso[2] en la alta noche
    tu corazón,
al sentir en tus labios un aliento   15
    abrasador,
sabe que, aunque invisible, al lado tuyo
    respiro yo▼.

[2] Asustado.

XVII (50)

Hoy la tierra y los cielos me sonríen,
hoy llega al fondo de mi alma el sol,
hoy la he visto..., la he visto y me ha mirado...
¡hoy creo en Dios▼▼!

|||||||||||||||||||||||||||||||||||||||||||||||||||||||||||||||||||||||||||||||||||||||||||||||||||||||||||||||||||

▼ El paralelismo, la alternancia de endecasílabos y pentasílabos, y la gradación léxica constituyen los aspectos estructurales básicos del poema.

▼▼ La alegría y el entusiasmo que la mirada de la mujer provoca es subrayada por la anáfora, la suspensión del v. 3, la exclamación, el paso de los endecasílabos al pentasílabo y la brevedad misma de la rima.

XVIII (6)

Fatigada del baile,
encendido el color, breve el aliento,
apoyada en mi brazo
del salón se detuvo en un extremo.

5   Entre la leve gasa
que levantaba el palpitante seno,
una flor se mecía
en compasado y dulce movimiento.

Como en cuna de nácar
10   que empuja el mar y que acaricia el céfiro[1],   [1] Viento cálido.
tal vez allí dormía
al soplo de sus labios entreabiertos.

¡Oh!, ¡quién así, pensaba,
dejar pudiera deslizarse el tiempo!
15   ¡Oh!, si las flores duermen,
¡qué dulcísimo sueño!

XIX (52)

Cuando sobre el pecho inclinas
la melancólica frente,
una azucena tronchada
me pareces.

5   Porque al darte la pureza
de que es símbolo celeste,
como a ella te hizo Dios
de oro y nieve.

XX (37)

Sabe[1], si alguna vez tus labios rojos
quema invisible atmósfera abrasada,
que el alma que hablar puede con los ojos
también puede besar con la mirada▼.

. . . .
[1] Forma imperativa
del verbo «saber».

XXI (21)

5   ¿Qué es poesía?, dices mientras clavas
en mi pupila tu pupila azul.
¡Qué es poesía! ¿Y tú me lo preguntas?
Poesía... eres tú▼▼.

XXII (19)

       ¿Cómo vive esa rosa que has prendido
10   junto a tu corazón?
Nunca hasta ahora contemplé en el mundo
junto al volcán la flor.

XXIII (22)

       Por una mirada, un mundo;
por una sonrisa, un cielo;
15   por un beso..., ¡yo no sé
qué te diera por un beso▼▼▼!

||||||||||||||||||||||||||||||||||||||||||||||||||||||||||||||||||||||||||||||||||||||||||||||||||||||||||||||||||||||||||||

▼ Su brevedad y su sentido emparentan a la rima con la poesía popular; pero es una estrofa culta, un serventesio.

▼▼ Esta rima contiene una de las ideas esenciales de Bécquer sobre la poesía, que había desarrollado en las «Cartas literarias a una mujer», particularmente en la primera, publicada en *El Contemporáneo* el 20-XII-1860 (Cfr. Bécquer, Gustavo Adolfo: *Obras completas*, Ed. Aguilar, Madrid, 13.ª ed., 1981, pp. 617 y ss.). La poesía se identifica con la mujer (porque en ella vive el sentimiento).

▼▼▼Esta rima tiene muchos puntos de contacto con la poesía popular: la forma métrica (copla), la brevedad, el tema y la mezcla de entusiasmo e irresolución.

XXIV (33)

Dos rojas lenguas de fuego
que, a un mismo tronco enlazadas
se aproximan, y al besarse
forman una sola llama.

Dos notas que del laúd   5
a un tiempo la mano arranca,
y en el espacio se encuentran
y armonïosas se abrazan.

Dos olas que vienen juntas
a morir sobre una playa,   10
y que al romper se coronan
con un penacho[1] de plata.

Dos jirones de vapor
que del lago se levantan,
y al juntarse allá en el cielo   15
forman una nube blanca.

Dos ideas que al par brotan,
dos besos que a un tiempo estallan,
dos ecos que se confunden,
eso son nuestras dos almas▼.   20

[1] Adorno de plumas que se pone en la cabeza o tocados.

XXV (31)

Cuando en la noche te envuelven
las alas de tul del sueño
y tus tendidas pestañas
semejan arcos de ébano,

▼ El poema se organiza en cuatro estrofas paralelas más una que resuelve el sentido de las metáforas. A la fusión amorosa se llega por un movimiento de ascenso.

5   por escuchar los latidos
de tu corazón inquieto
y reclinar tu dormida
cabeza sobre mi pecho,
diera, alma mía,
10   cuanto poseo,
¡la luz, el aire
y el pensamiento!

Cuando se clavan tus ojos
en un invisible objeto
15   y tus labios ilumina
de una sonrisa el reflejo,
por leer sobre tu frente
el callado pensamiento
que pasa como la nube
20   del mar sobre el ancho espejo,
diera, alma mía,
cuanto deseo,
¡la fama, el oro,
la gloria, el genio!

25   Cuando enmudece tu lengua
y se apresura tu aliento,
y tus mejillas se encienden
y entornas tus ojos negros,
por ver entre sus pestañas
30   brillar con húmedo fuego
la ardiente chispa que brota
del volcán de los deseos,
diera, alma mía,
por cuanto espero,
35   la fe, el espíritu,
la tierra, el cielo▼.

▼ La gradación y el paralelismo son los factores esenciales de la estructura. El v. 34 subraya el anhelo del poeta, al dirigir su esperanza a la amada (no, como cabría esperar, a «la fe, el espíritu, la tierra, el cielo»).

XXVI (7)

Voy contra mi interés al confesarlo,
no obstante, amada mía,
pienso, cual tú, que una oda[1] sólo es buena
de un billete del Banco al dorso escrita.
No faltará algún necio que al oírlo   5
se haga cruces y diga:
«Mujer al fin del siglo diez y nueve,
material y prosaica[2]...» ¡Boberías!
¡Voces que hacen correr cuatro poetas
que en invierno se embozan con la lira!   10
¡Ladridos de los perros a la luna!
Tú sabes y yo sé que en esta vida,
con genio es muy contado el que la *escribe*,
y con oro cualquiera *hace* poesía▼.

> [1] Composición poéti-
> ca.

> [2] Vulgar.

XXVII (63)

Despierta, tiemblo al mirarte,
dormida, me atrevo a verte;
por eso, alma de mi alma,
yo velo mientras tú duermes.

Despierta ríes y al reír tus labios   5
inquietos me parecen
relámpagos de grana que serpean[1]
sobre un cielo de nieve.

Dormida, los extremos de tu boca
pliega sonrisa leve,   10
süave como el rastro luminoso
que deja un sol que muere.

> [1] Se deslizan forman-
> do ondas, como una
> serpiente.

▼ La afirmación sobre el poco valor de la poesía es —el contexto de las rimas no deja ninguna duda— sarcástica: el interés del poeta no coincide con el interés crematístico de la época, que resulta así criticada. Obsérvese el léxico coloquial.

¡Duerme!

Despierta miras y al mirar, tus ojos
15   húmedos resplandecen,
como la onda azul en cuya cresta
chispeando el sol hiere.

Al través de tus párpados, dormida,
tranquilo fulgor vierten,
20   cual derrama de luz templado rayo
lámpara trasparente.

¡Duerme!

Despierta hablas y al hablar, vibrantes
tus palabras parecen
25   lluvia de perlas que en dorada copa
se derrama a torrentes.

Dormida, en el murmullo de tu aliento
acompasado y tenue,
escucho yo un poema que mi alma
30   enamorada entiende.

¡Duerme!

Sobre el corazón la mano
me he puesto porque² no suene   ² Para que.
su latido y de la noche
35   turbe la calma solemne.

De tu balcón las persianas
cerré ya porque no entre

el resplandor enojoso
de la aurora y te despierte.

¡Duerme▾!   40

XXVIII (58)

Cuando entre la sombra oscura
perdida una voz murmura
turbando su triste calma,
si en el fondo de mi alma
la oigo dulce resonar;   5

dime: ¿es que el viento en sus giros
se queja, o que tus suspiros
me hablan de amor al pasar?

Cuando el sol en mi ventana
rojo brilla a la mañana   10
y mi amor tu sombra evoca,
si en mi boca de otra boca
sentir creo la impresión;

dime: ¿es que ciego deliro,
o que un beso en un suspiro   15
me envía tu corazón?

Y en el luminoso día
y en la alta noche sombría,
si en todo cuanto rodea
al alma que te desea   20
te creo sentir y ver;

||||||||||||||||||||||||||||||||||||||||||||||||||||||||||||||||||||||||||||||||||||||||||||||||||||||||||||||||||||||||||||||||||||||||||||||||

▾ Oponiendo a la vigilia el sueño, el poeta invita a la mujer a dormir: es a través del sueño como mejor podrá llegar a ella. Métricamente, el poema utiliza vv. octosílabos y combinación de endecasílabos y heptasílabos, que reflejan la doble inspiración, popular y culta, de las rimas.

'dime: ¿es que toco y respiro
soñando, o que en un suspiro
me das tu aliento a beber▾?

XXIX (53)

La bocca mi bacció tutto tremante...

Sobre la falda tenía
el libro abierto,
en mi mejilla tocaban
sus rizos negros:
5   no veíamos las letras
ninguno, creo,
mas guardábamos ambos
hondo silencio.
¿Cuánto duró? Ni aun entonces
10   pude saberlo.
Sólo sé que no se oía
más que el aliento,
que apresurado escapaba
del labio seco.
15   Sólo sé que nos volvimos
los dos a un tiempo
y nuestros ojos se hallaron,
y sonó un beso.

....
....

▾ La naturaleza está llena de presentimientos y el poeta interroga retóricamente a la amada sobre ellos. Los vv. riman en consonante y de manera más artificiosa de lo habitual.

Creación de Dante era el libro,
era su *Infierno*.   20
Cuando a él bajamos los ojos,
yo dije trémulo:
—¿Comprendes ya que un poema
cabe en un verso?
Y ella respondió encendida: 25
—¡Ya lo comprendo▼!

XXX (40)

Asomaba a sus ojos una lágrima
y a mi labio una frase de perdón;
habló el orgullo y se enjugó su llanto,
y la frase en mis labios expiró.

Yo voy por un camino; ella, por otro;   5
pero al pensar en nuestro mutuo amor,
yo digo aún: «¿Por qué callé aquel día?»
Y ella dirá: «¿Por qué no lloré yo▼▼?»

XXXI (30)

Nuestra pasión fue un trágico sainete
en cuya absurda fábula
lo cómico y lo grave confundidos
risas y llanto arrancan.

||||||||||||||||||||||||||||||||||||||||||||||||||||||||||||||||||||||||||||||||||||||||||||||||||||||||||

▼ Junto a una mujer, el poeta lee un pasaje de la *Divina comedia* en el que Francesca da Rimini refiere a Dante cómo su amado la besó por vez primera («La boca me besó temblando todo...») cuando ambos leían, precisamente, en *Lanzarote del Lago* el pasaje en que Lanzarote besa a Ginebra.

▼▼ Con esta rima comienza la «tercera serie» (Cf. Díaz, José Pedro, *loc. cit.*), presidida por el tema de la ruptura y el fracaso amoroso. El influjo del poeta alemán H. Heine (1797-1856) es visible en el tono de desesperación, el conflicto entre amor y orgullo, y, en otras rimas, en la recriminación a la amada.

5   Pero fue lo peor de aquella historia
que al fin de la jornada
a ella tocaron lágrimas y risas
y a mí, sólo las lágrimas.

XXXII (73)

Pasaba arrolladora en su hermosura
y el paso le dejé;
ni aun a mirarla me volví, y, no obstante,
algo a mi oído murmuró: *«ésa es»*.

5   ¿Quién reunió la tarde a la mañana?
Lo ignoro; sólo sé
que en una breve noche de verano
se unieron los crepúsculos, y... *«fue»*.

XXXIII (69)

Es cuestión de palabras, y, no obstante,
ni tú ni yo jamás,
después de lo pasado, convendremos[1]
en quién la culpa está.

[1] Nos pondremos de acuerdo.

5   ¡Lástima que el Amor un diccionario
no tenga dónde hallar
cuándo el orgullo es simplemente orgullo
y cuándo es dignidad▾!

▾ La reflexión sobre el orgullo enlaza con una de las ideas claves de Bécquer —la insuficiencia de las palabras—, referida aquí al amor.

XXXIV (65)

Cruza callada, y son sus movimientos
silenciosa armonía:
suenan sus pasos y al sonar recuerdan
del himno alado la cadencia rítmica.

Los ojos entreabre, aquellos ojos   5
tan claros como el día,
y la tierra y el cielo, cuanto abarcan,
arden con nueva luz en sus pupilas.

Ríe, y su carcajada tiene notas
del agua fugitiva;   10
llora, y es cada lágrima un poema
de ternura infinita.

Ella tiene la luz, tiene el perfume,
el color y la línea,
la forma, engendradora de deseos,   15
la expresión, fuente eterna de poesía.

¿Qué es estúpida? ¡Bah! Mientras callando
guarde oscuro el enigma,
siempre valdrá lo que yo creo que calla
más que lo que cualquiera otra me diga▼.   20

▼ La belleza de la amada se identifica con la del mundo. Los encabalgamientos, el
paso del endecasílabo al heptasílabo, el demostrativo del v. 5 y las enumeraciones son
medios que expresan la emoción del poeta. Pero ésta se quiebra, sarcásticamente, en la
última estrofa.

XXXV (78)

¡No me admiró tu olvido! Aunque de un día,
me admiró tu cariño mucho más;
porque lo que hay en mí que vale algo,
eso... ni lo pudiste sospechar▼.

XXXVI (54)

Si de nuestros agravios en un libro
se escribiese la historia,
y se borrase en nuestras almas cuanto
se borrase en sus hojas;

5   te quiero tanto aún, dejó en mi pecho
tu amor huellas tan hondas,
que sólo con que tú borrases una,
¡las borraba yo todas▼▼!

XXXVII (28)

Antes que tú me moriré: escondido
en las entrañas ya
el hierro llevo con que abrió tu mano
la ancha herida mortal.

5   Antes que tú me moriré: y mi espíritu,
en su empeño tenaz,
se sentará a las puertas de la Muerte,
esperándote allá.

||||||||||||||||||||||||||||||||||||||||||||||||||||||||||||||||||||||||||||||||||||||||||||||||||||||||||||||

▼ La concisión y una cierta jactancia que parece defender al sujeto del dolo*
aproximan la rima a la poesía popular, a pesar de los vv. endecasílabos.

▼▼ La primera estrofa es una frase condicional que se interrumpe para expresar direct*
y emocionadamente el amor, y la oración principal cierra la rima. Se sigue hablando *
un *tú* doblemente ausente: pues no está ni en el momento de escribir el poema (com*
ocurre en todas las rimas) ni en la experiencia actual del poeta (como ocurre en las d*
esta serie). Ello acentúa el patetismo.

Con las horas los días, con los días
los años volarán,   10
y a aquella puerta llamarás al cabo...
¿Quién deja de llamar?

Entonces, que tu culpa y tus despojos
la tierra guardará,
lavándote en las ondas de la muerte   15
como en otro Jordán[1].

Allí, donde el murmullo de la vida
temblando a morir va,
como la ola que a la playa viene
silenciosa a expirar.   20

Allí, donde el sepulcro que se cierra
abre una eternidad,
todo cuanto los dos hemos callado
allí lo hemos de hablar▼.

....
[1] Río donde fue bautizado Cristo.

XXXVIII (4)

¡Los suspiros son aire y van al aire!
¡Las lágrimas son agua y van al mar!
Dime, mujer: cuando el amor se olvida,
¿sabes tú adónde va▼▼?

▼ El poeta da cita a quien fue su amada. El diálogo, que no fue posible en esta vida,
uizás lo sea con la muerte. Obsérvese la sencillez de las metáforas y el predominio de
a atmósfera sentimental sobre la idea, lo que caracteriza a muchas rimas.

▼ La invocación a la mujer, la brevedad y el planteamiento de un enigma recuerdan
oemas populares.

XXXIX (75)

¿A qué me lo decís? Lo sé: es mudable[1],
es altanera[2] y vana y caprichosa;
antes que el sentimiento de su alma
brotará el agua de la estéril roca.

....
[1] Que cambia con fa-
cilidad de opiniones y
afectos.
....
[2] Altiva, orgullosa.

5   Sé que en su corazón, nido de sierpes,
no hay una fibra que al amor responda;
que es una estatua inanimada...; pero...
¡es tan hermosa▼!

XL (66)

Su mano entre mis manos,
sus ojos en mis ojos,
la amorosa cabeza
apoyada en mi hombro,
5   Dios sabe cuántas veces,
con paso perezoso,
hemos vagado juntos
bajo los altos olmos
que de su casa prestan
10   misterio y sombra al pórtico.
Y ayer... un año apenas,
pasado como un soplo,
con qué exquisita gracia,
con qué admirable aplomo,
15   me dijo, al presentarnos
un amigo oficioso[1]:
«Creo que en alguna parte
he visto a usted.» ¡Ah, bobos,
que sois de los salones

....
[1] Solícito, amable.

▼ El amor es más fuerte que las razones. A todos los defectos de la amada —ya
totalmente desidealizada— se opone sin embargo su hermosura.

20   comadres² de buen tono
        y andabais allí a caza
        de galantes embrollos;
        qué historia habéis perdido,
        qué manjar tan sabroso
25   para ser devorado
        *sotto voce*³ en un corro
        detrás del abanico
        de plumas y de oro!

....
² Alcahuetas, murmuradores.

....
³ En voz baja (italiano).

....

        ¡Discreta y casta luna,
30   copudos y altos olmos,
        paredes de su casa,
        umbrales de su pórtico,
        callad y que el secreto
        no salga de vosotros!
35   Callad; que por mi parte
        yo lo he olvidado todo:
        y ella..., ella, no hay máscara
        semejante a su rostro▼.

XLI (26)

    Tú eras el huracán y yo la alta
torre que desafía su poder:
¡tenías que estrellarte o que abatirme!
¡No pudo ser!

5   Tú eras el océano y yo la enhiesta¹
    roca que firme aguarda su vaivén:

....
¹ Erguida.

▼ El poeta dice, al final, haberlo olvidado todo, en clara contradicción con la fuerza del recuerdo que hay en toda la rima. Vacila y balbucea al recordar acusadoramente el fingimiento de la mujer.

¡tenías que romperte o que arrancarme!
¡No pudo ser!

Hermosa tú, yo altivo: acostumbrados
uno a arrollar, el otro a no ceder: 10
la senda estrecha, inevitable el choque...
¡No pudo ser!

COMENTARIO 3 (Rima XLI)

► *Explica cómo se distribuye el contenido en las distintas estrofas: ¿qué ideas o sentimientos expresan?*

► *¿En qué se diferencia la tercera estrofa de las anteriores?*

► *Analiza métricamente el poema. ¿Es preciso en algún verso desplazar un acento? ¿Qué efecto provoca el v. pentasílabo frente a los endecasílabos?*

► *Señala los encabalgamientos y explica su valor expresivo.*

► *Justifica que la antítesis y el paralelismo sean las figuras que estructuran el poema.*

► *Explica las metáforas que se utilizan para presentar al tú y al yo, y justifica el léxico empleado en relación con las mismas.*

► *Formula el tema de la rima.*

► *¿Cómo está visto lo femenino y lo masculino en esta rima? Compárala con la rima XV, también construida sobre la antítesis yo/tú.*

XLII (16)

Cuando me lo contaron sentí el frío
de una hoja de acero en las entrañas,
me apoyé contra el muro, y un instante
la conciencia perdí de donde estaba.

5   Cayó sobre mi espíritu la noche,
en ira y en piedad se anegó el alma
¡y entonces comprendí por qué se llora,
y entonces comprendí por qué se mata!

       Pasó la nube de dolor... Con pena
10   logré balbucear unas palabras...
       ¿quién me dio la noticia?... Un fiel amigo...
       Me hacía un gran favor... Le di las gracias.

XLIII (34)

Dejé la luz a un lado y en el borde
de la revuelta cama me senté,
mudo, sombrío, la pupila inmóvil
clavada en la pared.

5   ¿Qué tiempo estuve así? No sé: al dejarme
la embriaguez horrible de dolor,
expiraba la luz y en mis balcones
reía el sol.

       Ni sé tampoco en tan terribles horas
10   en qué pensaba o qué pasó por mí;
       sólo recuerdo que lloré y maldije,
       y que en aquella noche envejecí▾.

▾ Esta rima, como la anterior, se construye como evocación de una anécdota que, sin
embargo, no se narra, limitándose a expresar el sentimiento de dolor que provoca.

XLIV (10)

Como en un libro abierto
leo de tus pupilas en el fondo.
¿A qué fingir el labio
risas que se desmienten con los ojos?

¡Llora! No te avergüences   5
de confesar que me quisiste un poco.
¡Llora! Nadie nos mira.
Ya ves; yo soy un hombre... y también lloro.

XLV (3)

Piedra que cierra la
parte superior del
arco.

Sobresalía.

Divisa que figura en
un escudo de armas.

Casco.

En la clave[1] del arco mal seguro,
cuyas piedras el tiempo enrojeció,
obra de cincel rudo, campeaba[2]
el gótico blasón[3].

Penacho de su yelmo[4] de granito,   5
la yedra que colgaba en derredor
daba sombra al escudo en que una mano
tenía un corazón.

Justo símbolo.

A contemplarle en la desierta plaza
nos paramos los dos.   10
Y, ése, me dijo, es el cabal emblema[5]
de mi constante amor.

¡Ay!, es verdad lo que me dijo entonces:
verdad que el corazón
lo llevará en la mano... en cualquier parte...   15
pero en el pecho no▼.

‖‖

▼ El símbolo que la amada vio un día en lo que representa el escudo se subvierte
irónicamente en la estrofa final. El «gótico blasón» nos sugiere una vertiente del
romanticismo —la medievalizante— que Bécquer cultivó sobre todo en su prosa; aquí
se conjuga con otra más íntima y desgarrada, la del dolor y el sarcasmo.

XLVI (77)

Me ha herido recatándose[1] en las sombras,
sellando con un beso su traición.
Los brazos me echó al cuello y por la espalda
partióme a sangre fría el corazón.

[1] Ocultándose.

5   Y ella prosigue alegre su camino,
feliz, risueña, impávida[2], ¿y por qué?
Porque no brota sangre de la herida,
porque el muerto está en pie▼.

[2] Impasible, imperturbable.

XLVII (2)

Yo me he asomado a las profundas simas
de la tierra y del cielo,
y les he visto el fin o con los ojos
o con el pensamiento.

5   Mas ¡ay!, de un corazón llegué al abismo
y me incliné un momento,
y mi alma y mis ojos se turbaron:
¡Tan hondo era y tan negro▼▼!

▼ Esta rima, la XXX y la XXXVII, fueron publicadas el 15-1-1871, pocos día
después de la muerte del poeta, y contribuyeron a crear la imagen de un Bécque
desesperado, víctima de un amor desgraciado.

▼▼ La influencia de poetas popularistas en la rima está probada. Véase, por ejemplo
esta copla de Ventura Ruiz Aguilera (1820-1881): «Tendí una mirada al cielo, / ech
una sonda en el mar, / bajé al corazón humano / y fondo no pude hallar» (Cfr. Día
José Pedro, *ob. cit.*, p. 260).

XLVIII (1)

Como se arranca el hierro de una herida,
su amor de las entrañas me arranqué,
aunque sentí al hacerlo que la vida
me arrancaba con él.

Del altar que le alcé en el alma mía   5
la voluntad su imagen arrojó,
y la luz de la fe que en ella ardía
ante el ara¹ desierta se apagó.

Aun para combatir mi firme empeño
viene a mi mente su visión tenaz...   10
¡Cuándo podré dormir con ese sueño
en que acaba el soñar▼!

....
¹ Altar.

XLIX (14)

Alguna vez la encuentro por el mundo
y pasa junto a mí,
y pasa sonriéndose y yo digo:
—¿Cómo puede reír?

Luego asoma a mi labio otra sonrisa,   5
máscara del dolor,
y entonces pienso: —Acaso ella se ríe
como me río yo▼▼.

▼ La metáfora hierro-pasión amorosa que se arranca del corazón es muy frecuente en
el romanticismo y se prolonga tras él; se ha estudiado, por ejemplo, en Rosalía de
Castro y en Antonio Machado.

▼▼ Como en otras rimas (XXX, LXVIII, LXXIX...) es visible en ésta la influencia de
Heine (que había sido traducido al castellano por poetas como Eulogio Florentino
Sanz, Mariano Gil y Sanz y Augusto Ferrán).

L (12)

Lo que el salvaje que con torpe mano
hace de un tronco a su capricho un dios
y luego ante su obra se arrodilla,
eso hicimos tú y yo.

5   Dimos formas reales a un fantasma,
de la mente ridícula invención,
y hecho el ídolo ya, sacrificamos
en su altar nuestro amor.

LI (70)

De lo poco de vida que me resta
diera con gusto los mejores años,
por saber lo que a otros
de mí has hablado.

5   Y esta vida mortal y de la eterna
lo que me toque, si me toca algo,
por saber lo que a solas
de mí has pensado▼.

LII (35)

Olas gigantes que os rompéis bramando
en las playas desiertas y remotas,
envuelto entre la sábana de espumas,
¡llevadme con vosotras!

▼ Esta rima cierra la «tercera serie». En adelante, el fracaso amoroso se convertirá en
desesperanza y angustia, proyectadas sobre otros temas y menos estrechamente ligadas
a experiencias directas.

Ráfagas de huracán que arrebatáis   5
del alto bosque las marchitas hojas,
arrastrado en el ciego torbellino,
¡llevadme con vosotras!

Nubes de tempestad que rompe el rayo
y en fuego ornáis las desprendidas orlas,   10
arrebatado entre la niebla oscura,
¡llevadme con vosotras!

Llevadme por piedad a donde el vértigo
con la razón me arranque la memoria.
¡Por piedad! ¡Tengo miedo de quedarme   15
con mi dolor a solas!

COMENTARIO 4 (Rima LII)

▬ *Señala el contenido de cada una de las estrofas.*

▬ *Explica qué relación hay entre las tres primeras estrofas y la última.*

▬ *Analiza métricamente el poema.*

▬ *Justifica por qué el paralelismo es el principal elemento constructivo, y explica su nalidad expresiva.*

▬ *Compara la sintaxis de las tres primeras estrofas con la de la última.*

▬ *¿De qué modo se personifica a la naturaleza? ¿Qué léxico caracteriza a la naturaleza cuál al yo?*

▬ *Justifica la aparición de frases exclamativas.*

▬ *¿Qué deseos expresa la rima? ¿Da el poeta razón de esos deseos?·*

▬ *¿Qué aspectos de la rima te parecen característicos de la poesía romántica?*

LIII (38)

Volverán las oscuras golondrinas
en tu balcón sus nidos a colgar,
y otra vez con el ala a sus cristales
jugando llamarán.

5 Pero aquellas que el vuelo refrenaban
tu hermosura y mi dicha a contemplar[1],   [1] Para contemplar.
aquellas que aprendieron nuestros nombres...
ésas... ¡no volverán!

Volverán las tupidas madreselvas
10 de tu jardín las tapias a escalar,
y otra vez a la tarde aún más hermosas
sus flores se abrirán.

Pero aquellas cuajadas de rocío
cuyas gotas mirábamos temblar
15 y caer como lágrimas del día...
ésas... ¡no volverán!

Volverán del amor en tus oídos
las palabras ardientes a sonar,
tu corazón, de su profundo sueño
20 tal vez despertará.

Pero mudo y absorto[2] y de rodillas,   [2] Abstraído, olvidad
como se adora a Dios ante su altar,   de todo lo que no se
como yo te he querido... desengáñate,   ella.
así... ¡no te querrán▼!

llllllllllllllllllllllllllllllllllllllllllllllllllllllllllllllllllllllllllllllllllllllllllllllllllllllllllllllll

▼ La irrepetibilidad del amor frente a la naturaleza, que se repite cíclicamente,
expresa mediante una estructura común en las rimas: paralelismo y antítesis. Anton
Machado vio en ella la expresión de su propia idea de la poesía: «palabra en
tiempo» («Juan de Mairena»).

LIV (36)

Cuando volvemos las fugaces horas
del pasado a evocar,
temblando brilla en sus pestañas negras
una lágrima pronta a resbalar.

Y al fin resbala y cae como gota   5
de rocío, al pensar
que, cual hoy por ayer, por hoy mañana,
volveremos los dos a suspirar▼.

LV (9)

Desafinado,   inar-
nónico.

Entre el discorde[1] estruendo de la orgía
acarició mi oído,
como nota de música lejana,
el eco de un suspiro.

El eco de un suspiro que conozco,   5
formado de un aliento que he bebido,
perfume de una flor que oculta crece
en un claustro sombrío.

Mi adorada de un día, cariñosa,
—¿En qué piensas? —me dijo.   10
—En nada... —En nada ¿y lloras? —Es que tengo
alegre la tristeza y triste el vino▼▼.

▼ La lágrima de la amada, «gota de rocío», expresa, más allá de la tristeza por el
▶asado, la que se siente por la fugacidad del tiempo.

▼▼ En medio de la vida mundana, un suspiro llega hasta el poeta; el sueño y el amor,
⸱ente a la falsedad de su vida, le desazonan. El motivo del claustro volverá a aparecer
▪n otras rimas con el oscuro simbolismo de la mujer que se sustrae al amor y opta por
⸱ fe.

LVI (20)

Hoy como ayer, mañana como hoy,
¡y siempre igual!
Un cielo gris, un horizonte eterno
y andar... andar.

5   Moviéndose a compás como una estúpida
máquina el corazón:
la torpe inteligencia del cerebro
dormida en un rincón.

El alma, que ambiciona un paraíso,
10   buscándole sin fe;
fatiga sin objeto, ola que rueda
ignorando por qué.

Voz que incesante con el mismo tono
canta el mismo cantar,
15   gota de agua monótona que cae
y cae sin cesar.

Así van deslizándose los días
unos de otros en pos[1],
hoy lo mismo que ayer... y todos ellos
20   sin gozo ni dolor.

[1] Unos detrás de otros.

¡Ay!, ¡a veces me acuerdo suspirando
del antiguo sufrir!
¡Amargo es el dolor, pero siquiera
padecer es vivir[▼]!

▼ La realidad ya no es, como en la «primera serie», plenitud y belleza, sinc monotonía e insensibilidad. El _yo_ aparece en la última estrofa para añorar el dolor, que se identifica con la vida, lo que inmediatamente se expresa como sentencia.

LVII (32)

Este armazón de huesos y pellejo
de pasear una cabeza loca
cansado se halla al fin y no lo extraño,
pues aunque es la verdad que no soy viejo,
de la parte de vida que me toca   5
en la vida del mundo, por mi daño
he hecho un uso tal, que juraría
que he condensado un siglo en cada día.

Así, aunque ahora muriera,
no podría decir que no he vivido;   10
que el sayo[1], al parecer nuevo por fuera,
conozco que por dentro ha envejecido.

Ha envejecido, sí; ¡pese a mi estrella!
harto[2] lo dice ya mi afán doliente;
que hay dolor que, al pasar, su horrible huella   15
graba en el corazón, si no en la frente▾.

[1] Vestido amplio de hechura simple; aquí, él mismo.

[2] Sobradamente

LVIII (8)

¿Quieres que de ese néctar[1] delicioso
no te amargue la hez[2]?
Pues aspírale, acércale a tus labios
y déjale después.

¿Quieres que conservemos una dulce   5
memoria de este amor?
Pues amémonos hoy mucho y mañana
digámonos ¡adiós!

[1] Licor especialmente delicado.

[2] Impurezas, desechos.

▾ Obsérvese la métrica clásica de la rima (octava real más dos serventesios, el primero irregular) y su léxico, desgarrado y prosaico. Se ha visto en ella la influencia de Espronceda y de la poesía popularista.

LIX (17)

Yo sé cuál el objeto
de tus suspiros es.
Yo conozco la causa de tu dulce
secreta languidez.

5   ¿Te ríes...? Algún día
sabrás, niña, por qué:
tú acaso lo sospechas
y yo lo sé.

Yo sé cuándo tú sueñas,
10   y lo que en sueños ves;
como en un libro puedo lo que callas
en tu frente leer.
¿Te ríes...? Algún día
sabrás, niña, por qué:
15   tú acaso lo sospechas,
y yo lo sé.

Yo sé por qué sonríes
y lloras a la vez:
yo penetro en los senos misteriosos
20   de tu alma de mujer.
¿Te ríes...? Algún día
sabrás, niña, por qué:
mientras tú sientes mucho y nada sabes,
yo, que no siento ya, todo lo sé▾.

▾ Otra rima construida mediante la antítesis, el paralelismo sintáctico y la gradación. El sentimiento es irreconciliable con la sabiduría que da la experiencia.

LX (41)

[1] Terreno improductivo, sin cultivar.

Mi vida es un erïal[1],
flor que toco se deshoja;
que en mi camino fatal
alguien va sembrando el mal
para que yo lo recoja▼.   5

LXI (45)

Al ver mis horas de fiebre
e insomnio lentas pasar,
a la orilla de mi lecho,
¿quién se sentará?

Cuando la trémula mano,   5
tienda, próximo a expirar,
buscando una mano amiga,
¿quién la estrechará?

Cuando la muerte vidríe
de mis ojos el cristal,   10
mis párpados aún abiertos,
¿quién los cerrará?

Cuando la campana suene
(si suena en mi funeral),
una oración al oírla,   15
¿quién murmurará?

Cuando mis pálidos restos
oprima la tierra ya,
sobre la olvidada fosa,
¿quién vendrá a llorar?   20

▼ En una quintilla, un motivo característico del romanticismo: el destino que pesa
sobre el poeta es recoger el mal.

¿Quién·en fin al otro día,
cuando el sol vuelva a brillar,
de que pasé por el mundo,
quién se acordará▼?

LXII (56)

Primero es un albor¹ trémulo y vago,   ¹ Albura, blancura.
raya de inquieta luz que corta el mar;
luego chispea y crece y se difunde
en gigante explosión de claridad.

5   La brilladora lumbre es la alegría;
la temerosa sombra es el pesar:
¡Ay!, en la oscura noche de mi alma,
¿cuándo amanecerá▼▼?

LXIII (68)

Como enjambre de abejas irritadas,
de un oscuro rincón de la memoria
salen a perseguirme los recuerdos
de las pasadas horas.

5   Yo los quiero ahuyentar. ¡Esfuerzo inútil!
Me rodean, me acosan,
y unos tras otros a clavarme vienen
el agudo aguijón que el alma encona¹▼▼▼.   ¹ Irrita.

▼ En seis estrofas se presiente sucesivamente la enfermedad, la agonía, la muerte, el funeral y el olvido. El sentimiento de soledad se subraya con interrogaciones retóricas. La estructura paralela de las estrofas se altera levemente en la última, como sacudida por una agitación y estremecimiento finales.

▼▼ La imagen del amanecer frente a la de la noche, la de la luz frente a la de la sombra, se refieren expresamente al interior del poeta.

▼▼▼Una sencilla comparación es la figura esencial de esta rima, como ocurre en la siguiente, para expresar, aquí, la obsesión de los recuerdos; en la LXIV, la fugacidad de todo, incluso del dolor.

LXIV (64)

Como guarda el avaro su tesoro,
guardaba mi dolor;
le quería probar que hay algo eterno
a la que eterno me juró su amor.

5   Mas hoy le llamo en vano y oigo al tiempo
que le acabó, decir:
—¡Ah, barro miserable, eternamente
no podrás ni aun sufrir!

LXV (47)

Llegó la noche y no encontré un asilo
¡y tuve sed!... mis lágrimas bebí;
¡y tuve hambre! ¡Los hinchados ojos
cerré para morir!

5   ¿Estaba en un desierto? Aunque a mi oído
de las turbas[1] llegaba el ronco hervir,
yo era huérfano y pobre... ¡El mundo estaba
desierto... para mí!

[1] Muchedumbre de gentes.

LXVI (67)

¿De dónde vengo?... El más horrible y áspero
de los senderos busca;
las huellas de unos pies ensangrentados
sobre la roca dura,
5   los despojos de un alma hecha jirones
en las zarzas agudas,
te dirán el camino
que conduce a mi cuna.

¿Adónde voy? El más sombrío y triste
de los páramos cruza,   10
valle de eternas nieves y de eternas
melancólicas brumas.
En donde esté una piedra solitaria
sin inscripción alguna,
donde habite el olvido,   15
allí estará mi tumba▼.

LXVII (18)

¡Qué hermoso es ver el día
coronado de fuego levantarse,
y a su beso de lumbre
brillar las olas y encenderse el aire!

¡Qué hermoso es tras la lluvia   5
del triste otoño en la azulada tarde,
de las húmedas flores
el perfume aspirar hasta saciarse!

¡Qué hermoso es cuando en copos
la blanca nieve silenciosa cae,   10
de las inquietas llamas
ver las rojizas lenguas agitarse!

¡Qué hermoso es cuando hay sueño
dormir bien... y roncar como un sochantre...[1]

....
Director del coro de
)s oficios divinos;
quí, con el sentido
e «alguien que vive
ómodamente».

▼ El *tú* al que el poeta se dirige no parece ser ahora el de la amada, sino uno genérico,
uizás el propio autor desdoblado, quizás el lector a quien este *tú* conmueve
specialmente. El poeta se pregunta y responde sobre el origen y sobre el destino: son el
olor y el olvido. Luis Cernuda tituló un libro de poemas con el v. 15: «Donde habite
l olvido» (1934).

15   y comer... y engordar...! ¡y qué desgracia
        que esto sólo no baste▼!

LXVIII (61)

        No sé lo que he soñado
        en la noche pasada.
        Triste, muy triste debió ser el sueño,
        pues despierto la angustia me duraba.

5   Noté al incorporarme,
        húmeda la almohada
        y por primera vez sentí, al notarlo,
        de un amargo placer henchirse el alma.

        Triste cosa es el sueño
10   que llanto nos arranca,
        mas tengo en mi tristeza una alegría...
        ¡Sé que aún me quedan lágrimas▼▼!

LXIX (49)

        Al brillar un relámpago nacemos,
        y aún dura su fulgor cuando morimos;
        ¡tan corto es el vivir!

‖‖‖

▼ A lo largo de la rima se evoca una plenitud de sensaciones que al final aparecen
sarcásticamente, como prosaicas. El contraste entre esa supuesta plenitud y la
espiritual, de que se carece, alienta en la rima.

▼▼ Una idea final explica el clima emocional creado previamente, pero éste se impone
a aquélla, como suele ocurrir en las rimas (Cfr. Pageard, Robert: *Rimas de Gustavo
Adolfo Bécquer*, Ed. C.S.I.C., Madrid, 1972, p. 321).

La Gloria y el Amor tras que corremos
sombras de un sueño son que perseguimos; 5
¡despertar es morir▼!

LXX (59)

¡Cuántas veces al pie de las musgosas
paredes que la guardan
oí la esquila que al mediar la noche
a los maitines[1] llama!

¡Cuántas veces trazó mi silüeta 5
la luna plateada
junto a la del ciprés, que de su huerto
se asoma por las tapias!

Cuando en sombras la iglesia se envolvía
de su ojiva[2] calada, 10
¡cuántas veces temblar sobre los vidrios
vi el fulgor de la lámpara!

Aunque el viento en los ángulos oscuros
de la torre silbara,
del coro entre las voces percibía 15
su voz vibrante y clara.

En las noches de invierno, si un medroso
por la desierta plaza
se atrevía a cruzar, al divisarme
el paso aceleraba. 20

Y no faltó una vieja que en el torno[3]
dijese a la mañana,

[1] Primer rezo de las «horas canónicas»; se recita al amanecer.

[2] Figura formada por dos arcos que se unen en punta.

[3] Dispositivo giratorio para comunicarse, usado especialmente en los conventos.

▼ La rima se publicó, en 1866, con el título «La vida es sueño. Calderón».

que de algún sacristán muerto en pecado
acaso era yo el alma.

25   A oscuras conocía los rincones
del atrio y la portada;
de mis pies las ortigas que allí crecen
las huellas tal vez guardan.

Los búhos que espantados mc seguían
30   con sus ojos de llamas,
llegaron a mirarme, con el tiempo,
como a un buen camarada.

A mi lado sin miedo los reptiles
se movían a rastras,
35   ¡hasta los mudos santos de granito
creo que me saludaban▼!

LXXI (76)

No dormía; vagaba en ese limbo
en que cambian de forma los objetos,
misteriosos espacios que separan
la vigilia[1] del sueño.

....
[1] Estado del que está
despierto.

5   Las ideas que en ronda silenciosa
daban vueltas en torno a mi cerebro,
poco a poco en su danza se movían
con un compás más lento.

▼ En un escenario romántico (que aparecerá más frecuentemente en las «Leyendas»),
se dibuja la tenaz presencia del amante que acecha a la amada, próxima pero a la vez
absolutamente separada de él. Y a él le rodea la oscuridad.

De la luz que entra al alma por los ojos
los párpados velaban el reflejo;   10
mas otra luz el mundo de visiones
alumbraba por dentro.

En este punto resonó en mi oído
un rumor semejante al que en el templo
vaga confuso al terminar los fieles   15
con un *amén* sus rezos.

Y oí como una voz delgada y triste
que por mi nombre me llamó a lo lejos,
y sentí olor de cirios apagados,
de humedad y de incienso.   20

....
....

Entró la noche y del olvido en brazos
caí cual piedra en su profundo seno.
Dormí, y al despertar exclamé: «¡Alguno
que yo quería ha muerto!▼»

LXXII (5)

Primera voz

Las ondas tienen vaga armonía,
las vïoletas suave olor,

▼ En el clima de confusión que precede al sueño irrumpen visiones y rumores, y una voz llama tristemente, desde lo que parece una ceremonia religiosa, al poeta. Tras el sueño, comprende el sentido de aquellos presagios.

brumas de plata la noche fría,
luz y oro el día,
5 yo algo mejor;
¡yo tengo *Amor*!

Segunda voz

    Aura de aplausos, nube radiosa[1],   [1] Que emite rayos.
ola de envidia que besa el pie,
isla de sueños donde reposa
10 el alma ansiosa,
¡dulce embriaguez
la *Gloria* es!

Tercera voz

    Ascua encendida es el tesoro,
sombra que huye, la vanidad.
15 Todo es mentira: la gloria, el oro.
Lo que yo adoro
sólo es verdad:
¡la *Libertad*!

    Así los barqueros pasaban cantando
20 la eterna canción,
y al golpe de remo saltaba la espuma
y heríala el sol.

    —¿Te embarcas? —gritaban, y yo sonriendo
les dije al pasar:
25 Yo ya me he embarcado; por señas[2] que aún tengo   [2] Por más señas.
la ropa en la playa tendida a secar▼.

▼ El tema de la rima es el desengaño. La transición entre los ofrecimientos de los barqueros y la reacción del poeta se marca por un cambio de ritmo, de decasílabos y pentasílabos a dodecasílabos y hexasílabos.

LXXIII (71)

Cerraron sus ojos
que aún tenía abiertos,
taparon su cara
con un blanco lienzo,
y unos sollozando,   5
otros en silencio,
de la triste alcoba
todos se salieron.

La luz que en un vaso
ardía en el suelo   10
al muro arrojaba
la sombra del lecho
y entre aquella sombra
veíase a intérvalos[1]
dibujarse rígida   15
la forma del cuerpo.

Despertaba el día
y a su albor primero,
con sus mil rüidos
despertaba el pueblo.   20
Ante aquel contraste
de vida y misterio,
de luz y tinieblas,
yo pensé un momento:

¡Dios mío, qué solos   25
se quedan los muertos!

De la casa, en hombros,
lleváronla al templo,
y en una capilla
dejaron el féretro.   30

....
[1] Intervalos (acentuación esdrújula por licencia métrica).

Allí rodearon
sus pálidos restos
de amarillas velas
y de paños negros.

35   Al dar de las Ánimas
el toque postrero,
acabó una vieja
sus últimos rezos,
cruzó la ancha nave,
40   las puertas gimieron
y el santo recinto
quedóse desierto.

De un reloj se oía
compasado el péndulo
45   y de algunos cirios
el chisporroteo.
Tan medroso y triste,
tan oscuro y yerto[2]   [2] Inmóvil.
todo se encontraba
50   que pensé un momento:

*¡Dios mío, qué solos
se quedan los muertos!*

De la alta campana
la lengua de hierro
55   le dio volteando
su adiós lastimero.
El luto en las ropas,
amigos y deudos[3]   [3] Parientes.
cruzaron en fila
60   formando el cortejo.

Del último asilo,
oscuro y estrecho,
abrió la piqueta

el nicho a un extremo:
allí la acostaron,   65
tapiáronle luego,
y con un saludo
despidióse el duelo.

   La piqueta al hombro
el sepulturero,   70
cantando entre dientes,
se perdió a lo lejos.
La noche se entraba,
el sol se había puesto:
perdido en las sombras,   75
yo pensé un momento:

¡Dios mío, qué solos
se quedan los muertos!

   En las largas noches
del helado invierno,   80
cuando las maderas
crujir hace el viento
y azota los vidrios
el fuerte aguacero,
de la pobre niña   85
a veces me acuerdo.

   Allí cae la lluvia
con un son eterno:
allí la combate
el soplo del cierzo[4].   90
Del húmedo muro
tendida en el hueco,
¡acaso de frío
se hielan sus huesos!...

....
Viento del norte.

....

95   ¿Vuelve el polvo al polvo?
        ¿Vuela el alma al cielo?
        ¿Todo es, sin espíritu,
        podredumbre y cieno?
        ¡No sé; pero hay algo
100   que explicar no puedo,
        algo que repugna,
        aunque es fuerza hacerlo,
        a dejar tan tristes,
        tan solos, los muertos▾!

LXXIV (24)

        Las ropas desceñidas,
        desnudas las espadas,
        en el dintel de oro de la puerta
        dos ángeles velaban.

5   Me aproximé a los hierros
        que defienden la entrada,
        y de las dobles rejas en el fondo
        la vi confusa y blanca.

        La vi como la imagen
10   que en un ensueño pasa,
        como un rayo de luz tenue y difuso
        que entre tinieblas nada.

        Me sentí de un ardiente
        deseo llena el alma;
15   como atrae un abismo, aquel misterio
        hacía sí me arrastraba.

||||||||||||||||||||||||||||||||||||||||||||||||||||||||||||||||||||||||||||||||||||||||||||||||||||||||||||||||||||||||||||||||||||||||||||||||||||||

▾ La rima posee una estructura narrativa: se cuenta la muerte, funerales y entierro de
una niña y, con el estribillo, se subraya el dolor ante la soledad de la muerte. Sigue e
recuerdo, una sorda rebelión contra el destino y la aspiración hacia algo inexplicable
Los vv. hexasílabos proporcionan un ritmo acelerado y obsesivo.

Mas ¡ay!, que de los ángeles
parecían decirme las miradas:
—¡El umbral de esta puerta
sólo Dios lo traspasa!   20

LXXV (23)

¿Será verdad que cuando toca el sueño
con sus dedos de rosa nuestros ojos,
de la cárcel que habita huye el espíritu
en vuelo presuroso?

¿Será verdad que, huésped de las nieblas,   5
de la brisa nocturna al tenue soplo
alado sube a la región vacía
a encontrarse con otros?

¿Y allí desnudo de la humana forma,
allí los lazos terrenales rotos,   10
breves horas habita de la idea
el mundo silencioso?

¿Y ríe y llora y aborrece y ama
y guarda un rastro del dolor y el gozo,
semejante al que deja cuando cruza   15
el cielo un meteoro?

Yo no sé si ese mundo de visiones
vive fuera o va dentro de nosotros:
pero sé que conozco a muchas gentes
a quienes no conozco▼.   20

||||||||||||||||||||||||||||||||||||||||||||||||||||||||||||||||||||||||||||||||||||||||||||||||||||||||||||||||||||||||||||||||||||||||||||||||||||||||

▼ El sueño es el camino por el que el espíritu asciende de la vida corporal al «mundo
de la idea» y hacia la sabiduría que allí alcanza. La solemnidad de esta experiencia
misteriosa se expresa mediante anáforas, abundancia de complementación e hipérbatos, polisíndeton (v. 13), preguntas y paradoja final. El sintagma «huésped de las
nieblas» da título a cada una de las tres partes de que consta el libro de poemas de
Rafael Alberti *Sobre los ángeles* (1929).

LXXVI (74)

En la imponente nave
del templo bizantino,
vi la gótica tumba a la indecisa
luz que temblaba en los pintados vidrios.

5   Las manos sobre el pecho,
y en las manos un libro,
una mujer hermosa reposaba
sobre la urna del cincel prodigio.

Del cuerpo abandonado
10   al dulce peso hundido,
cual si de blanda pluma y raso fuera
se plegaba su lecho de granito.

De la sonrisa última
el resplandor divino
15   guardaba el rostro, como el cielo guarda
del sol que muere el rayo fugitivo.

Del cabezal de piedra
sentados en el filo,
dos ángeles, el dedo sobre el labio,
20   imponían silencio en el recinto.

No parecía muerta;
de los arcos macizos
parecía dormir en la penumbra
y que en sueños veía el paraíso.

25   Me acerqué de la nave
al ángulo sombrío,
con el callado paso que se llega
junto a la cuna donde duerme un niño.

　　　　La contemplé un momento
30　　y aquel resplandor tibio,
　　　　aquel lecho de piedra que ofrecía
　　　　próximo al muro otro lugar vacío,

　　　　en el alma avivaron
　　　　la sed de lo infinito,
35　　el ansia de esa vida de la muerte,
　　　　para la que un instante son los siglos...

　　　　...............................
　　　　...............................

　　　　Cansado del combate
　　　　en que luchando vivo,
　　　　alguna vez me acuerdo con envidia
40　　de aquel rincón oscuro y escondido.

　　　　De aquella muda y pálida
　　　　mujer me acuerdo y digo:
　　　　¡Oh, qué amor tan callado el de la muerte!
　　　　¡Qué sueño el del sepulcro tan tranquilo▼!

LXXVII (44)

　　　　Dices que tienes corazón, y sólo
　　　　lo dices porque sientes sus latidos;

▼ La mujer de piedra, imagen similar a la mujer dormida, expresa el misterio de u
amor inalcanzable. Se conserva un manuscrito de esta rima en el que el prop
Bécquer ha dibujado una tumba gótica y una estatua femenina yacente: la relación c
lo plástico y lo literario, tan característica de su obra, es así confirmada por el prop
autor.

eso no es corazón... es una máquina
que al compás que se mueve hace rüido.

LXXVIII (48)

Fingiendo realidades
con sombra vana,
delante del Deseo
va la Esperanza.

Y sus mentiras   5
como el Fénix[1] renacen
de sus cenizas.

....
[1] Ave fabulosa que
renace de sus cenizas
después de muerta.

LXXIX (55)

Una mujer me ha envenenado el alma,
otra mujer me ha envenenado el cuerpo;
ninguna de las dos vino a buscarme,
yo de ninguna de las dos me quejo.

Como el mundo es redondo, el mundo rueda.   5
Si mañana, rodando, este veneno
envenena a su vez, ¿por qué acusarme?

||||||||||||||||||||||||||||||||||||||||||||||||||||||||||||||||||||||||||||||||||||||||||||||||||||||||||||||||||||||||||||||||||

▼ Esta rima fue tachada por Bécquer en el manuscrito y, como ocurrió con las dos
anteriores, no se publicó en la 1.ª ed. de las *Rimas*. El «veneno del amor» la liga al
influjo de Heine, un poema de cuyo «Intermezzo» fue traducido así por E. F. Sanz:
«¡Que están emponzoñadas mis canciones!... / ¿Y no han de estarlo, di? / Tú de veneno
henchiste, de veneno, / mi vida juvenil.» (Cfr. Díaz, José Pedro, *ob. cit.*, p. 212).

¹ Almas de los difuntos.

EL MONTE DE LAS ÁNIMAS¹

(Leyenda soriana)

² Sonido.

³ Me recordó.

La noche de difuntos, me despertó a no sé qué hora el doble² de las campanas. Su tañido monótono y eterno me trajo a las mientes³ esta tradición que oí hace poco en Soria.

Intenté dormir de nuevo. ¡Imposible! Una vez aguijoneada, la imaginación es un caballo que se desboca y al que no sirve tirarle de la rienda. Por pasar el rato, me decidí a escribirla, como en efecto lo hice. 5

A las doce de la mañana, después de almorzar bien, y con un cigarro en la boca, no le hará mucho efecto a los lectores de *El Contemporáneo*▼. Yo la oí en el 10

▼ *El Contemporáneo* es el periódico en el que más frecuentemente escribió Bécquer de 1860 a 1864, y donde se publicó esta leyenda en 1861.

mismo lugar en que acaeció, y la he escrito volviendo algunas veces la cabeza con miedo, cuando sentía
crujir los cristales de mi balcón, estremecidos por el
15 aire frío de la noche.

Sea de ella lo que quiera, *allá* va, como el caballo de
copas.

I

—Atad los perros, haced la señal con las trompas para
que se reúnan los cazadores y demos la vuelta a la
20 ciudad. La noche se acerca, es día de Todos los
Santos y estamos en el Monte de las Ánimas.

—¡Tan pronto!

—A ser otro día, no dejara yo de concluir con ese
rebaño de lobos que las nieves del Moncayo han
25 arrojado de sus madrigueras; pero hoy es imposible.
Dentro de poco sonará la oración en los Templarios,
y las ánimas de los difuntos comenzarán a tañer su
campana en la capilla del monte.

—¡En esa capilla ruinosa! ¡Bah! ¿Quieres asustarme?

30 —No, hermosa prima. Tú ignoras cuanto sucede en
este país, porque aún no hace un año que has venido
a él desde muy lejos. Refrena tu yegua, yo también
pondré la mía al paso, y mientras dure el camino te
contaré esa historia.

35 Los pajes se reunieron en alegres y bulliciosos grupos.
Los condes de Borges y de Alcudiel montaron en sus
magníficos caballos, y todos juntos siguieron a sus
hijos Beatriz y Alonso, que precedían la comitiva a
bastante distancia.

40 Mientras duraba el camino, Alonso narró en estos
términos la prometida historia:

—Ese monte que hoy llaman de las Ánimas pertene-

cía a los Templarios, cuyo convento ves allí, a la
margen del río. Los templarios eran guerreros y
religiosos a la vez. Conquistada Soria a los árabes, el   45
rey los hizo venir de lejanas tierras para defender la
ciudad por la parte del puente, haciendo en ello
notable agravio a sus nobles de Castilla, que así
hubieran solos sabido defenderla como solos la con-
quistaron. Entre los caballeros de la nueva y podero-   50
sa orden y los hidalgos de la ciudad fermentó por
algunos años, y estalló al fin, un odio profundo. Los
primeros tenían acotado ese monte, donde reserva-
ban caza abundante para satisfacer sus necesidades y
contribuir a sus placeres. Los segundos determinaron   55
organizar una gran batida en el coto, a pesar de las
severas prohibiciones de los *clérigos con espuelas*, como
llamaban a sus enemigos. Cundió la voz del reto, y
nada fue parte a detener a los unos en su manía de
cazar y a los otros en su empeño de estorbarlo. La   60
proyectada expedición se llevó a cabo. No se acorda-
ron de ella las fieras. Antes la tendrían presente
tantas madres como arrastraron sendos lutos por sus
hijos. Aquello no fue una cacería. Fue una batalla
espantosa: el monte quedó sembrado de cadáveres.   65
Los lobos, a quienes se quiso exterminar, tuvieron un
sangriento festín. Por último, intervino la autoridad
del rey: el monte, maldita ocasión de tantas desgra-
cias, se declaró abandonado, y la capilla de los
religiosos, situada en el mismo monte, y en cuyo   70
atrio se enterraron juntos amigos y enemigos, comenzó a arruinarse. Desde entonces dicen que cuando llega la noche de difuntos se oye doblar sola la
campana de la capilla, y que las ánimas de los
muertos envueltas en jirones de sus sudarios, corren   75
como en una cacería fantástica por entre las breñas[4]
y los zarzales. Los ciervos braman espantados, los
lobos aúllan, las culebras dan horrorosos silbidos, y
al otro día se han visto impresas en la nieve las

80 huellas de los descarnados pies de los esqueletos.
Por eso en Soria lo llamamos el Monte de las
Ánimas, y por eso he querido salir de él antes que
cierre la noche.

La relación⁵ de Alonso concluyó justamente cuando   ⁵ Narración.
85 los dos jóvenes llegaban al extremo del puente que
da paso a la ciudad por aquel lado. Allí esperaron al
resto de la comitiva, la cual, después de incorporár-
sele los dos jinetes, se perdió por entre las estrechas y
oscuras calles de Soria.

II

90 Los servidores acababan de levantar los manteles; la
alta chimenea gótica del palacio de los condes de
Alcudiel despedía un vivo resplandor, iluminando
algunos grupos de damas y caballeros que alrededor
de la lumbre conversaban familiarmente, y el viento
95 azotaba los emplomados vidrios de las ojivas del
salón▾

Solas dos personas parecían ajenas a la conversación
general: Beatriz y Alonso. Beatriz seguía con los ojos,
y absorta en un vago pensamiento, los caprichos de
100 la llama. Alonso miraba el reflejo de la hoguera
chispear en las azules pupilas de Beatriz.

Ambos guardaban hacía rato un profundo silencio.

Las dueñas⁶ referían, a propósito de la noche de   ⁶ Mujeres de cier-
difuntos, cuentos temerosos, en que los espectros y   edad que, en las ca-
principales, servían
105 los aparecidos representaban el principal papel; y las   acompañaban a
campanas de las iglesias de Soria doblaban a lo lejos   jóvenes.
con un tañido monótono y triste.

▾ Una nueva escena: en ella es característica la descripción plástica de las situac
nes, y la presentación de los personajes a través de sus propias palabras.

—Hermosa prima —exclamó, al fin, Alonso, rompiendo el largo silencio en que se encontraban—, pronto vamos a separarnos, tal vez para siempre; las áridas llanuras de Castilla, sus costumbres toscas y guerreras, sus hábitos sencillos y patriarcales, sé que no te gustan; te he oído suspirar varias veces, acaso por algún galán de tu lejano señorío. 110

Beatriz hizo un gesto de fría indiferencia: todo un carácter de mujer se reveló en aquella desdeñosa contracción de sus delgados labios. 115

—Tal vez por la pompa de la corte francesa, donde hasta aquí has vivido —se apresuró a añadir el joven—. De un modo o de otro, presiento que no tardaré en perderte... Al separarnos, quisiera que llevases una memoria[7] mía... ¿Te acuerdas cuando fuimos al templo a dar gracias a Dios por haberte devuelto la salud que viniste a buscar a esta tierra? El joyel[8] que sujetaba la pluma de mi gorra cautivó tu atención. ¡Qué hermoso estaría sujetando un velo sobre tu oscura cabellera! Ya ha prendido el de una desposada; mi padre se lo regaló a la que me dio el ser, y ella lo llevó al altar... ¿Lo quieres? 120 125

Recuerdo.

Joya pequeña.

—No sé en el tuyo —contestó la hermosa—; pero en mi país una prenda recibida compromete una voluntad. Sólo en un día de ceremonia debe aceptarse un presente de manos de un deudo... que aún puede ir a Roma sin volver con las manos vacías. 130

El acento helado con que Beatriz pronunció estas palabras turbó un momento al joven que, después de serenarse, dijo con tristeza: 135

—Lo sé, prima; pero hoy se celebran Todos los Santos, y el tuyo entre todos; hoy es día de ceremonias y presentes. ¿Quieres aceptar el mío? 140

Beatriz se mordió ligeramente los labios y extendió la mano para tomar la joya, sin añadir una palabra.

Los dos jóvenes volvieron a quedarse en silencio, y

volvióse a oír la cascada voz de las viejas que
145 hablaban de brujas y de trasgos[9], y el zumbido del   [9] Duendes.
aire que hacía crujir los vidrios de las ojivas, y el
triste y monótono doblar de las campanas.

Al cabo de algunos minutos, el interrumpido diálogo
torno a anudarse de este modo:

150 —Y antes que concluya el día de Todos los Santos,
en que así como el tuyo se celebra el mío, y puedes,
sin atar tu voluntad, dejarme un recuerdo, ¿no lo
harás? —dijo él, clavando una mirada en la de su
prima, que brilló como un relámpago, iluminada
155 por un pensamiento diabólico.

—¿Por qué no? —exclamó ésta, llevándose la mano
al hombro derecho como para buscar alguna cosa
entre los pliegues de su ancha manga de terciopelo
bordado de oro. Después, con una infantil expresión
160 de sentimiento, añadió—: ¿Te acuerdas de la banda
azul que llevé hoy a la cacería, y que por no sé qué
emblema de su color me dijiste que era la divisa de
tu alma?

—Sí.

165 —¡Pues... se ha perdido! Se ha perdido, y pensaba
dejártela como un recuerdo.

—¡Se ha perdido! ¿Y dónde? —preguntó Alonso,
incorporándose de su asiento y con una indescriptible expresión de temor y esperanza.

170 —No sé... En el monte, acaso.

—¡En el Monte de las Ánimas! —murmuró, palide-
ciendo y dejándose caer sobre el sitial[10]—. ¡En el   [10] Asiento de cere-
Monte de las Ánimas! —luego prosiguió, con voz   nia.
entrecortada y sorda—: Tú lo sabes, porque lo
175 habrás oído mil veces. En la ciudad, en toda Castilla, me llaman el rey de los cazadores. No habiendo
aún podido probar mis fuerzas en los combates,
como mis ascendientes, he llevado a esa diversión,
imagen de la guerra, todos los bríos de mi juventud,

180 todo el ardor hereditario en mi raza. La alfombra
que pisan tus pies son despojos de fieras que he
muerto por mi mano. Yo conozco sus guaridas y sus
costumbres, yo he combatido con ellas de día y de
noche, a pie y a caballo, solo y en batida, y nadie
185 dirá que me ha visto huir el peligro en ninguna
ocasión. Otra noche volaría por esa banda, y volaría
gozoso como a una fiesta; y, sin embargo, esta
noche... esta noche, ¿a qué ocultártelo?, tengo miedo. ¿Oyes? Las campanas doblan, la oración ha
190 sonado en San Juan del Duero, las ánimas del monte
comenzarán ahora a levantar sus amarillentos crá-
neos de entre las malezas que cubren sus fosas... ¡Las
ánimas!, cuya sola vista puede helar de horror la
sangre del más valiente, tornar sus cabellos blancos o
195 arrebatarle en el torbellino de su fantástica carrera
como una hoja que arrastra el viento sin que se sepa
adónde.

Mientras el joven hablaba, una sonrisa imperceptible
se dibujó en los labios de Beatriz, que, cuando hubo
200 concluido, exclamó en un tono indiferente y mientras atizaba el fuego del hogar, donde saltaba y
crujía la leña, arrojando chispas de mil colores:

—¡Oh! Eso, de ningún modo. ¡Qué locura! ¡Ir ahora
al monte por semejante friolera[11]! ¡Una noche tan
205 oscura, noche de difuntos y cuajado el camino de
lobos!

Al decir esta última frase la recargó de un modo tan
especial, que Alonso no pudo menos de comprender
toda su amarga ironía; movido como por un resorte
210 se puso de pie, se pasó la mano por la frente, como
para arrancarse el miedo que estaba en su cabeza y
no en su corazón, y con voz firme exclamó, dirigiéndose a la hermosa, que estaba aún inclinada sobre el
hogar, entreteniéndose en revolver el fuego:

215 —Adiós, Beatriz, adiós. Hasta... pronto.

[11] Pequeñez.

—¡Alonso, Alonso! —dijo ésta, volviéndose con rapi-
dez; pero cuando quiso o aparentó querer detenerle,
el joven había desaparecido.

A los pocos minutos se oyó el rumor de un caballo
que se alejaba al galope. La hermosa, con una   220
radiante expresión de orgullo satisfecho que coloreó
sus mejillas, prestó atento oído a aquel rumor que se
debilitaba, que se perdía, que se desvaneció por
último.

Las viejas, en tanto, continuaban en sus cuentos de   225
ánimas aparecidas; el aire zumbaba en los vidrios
del balcón, y las campanas de la ciudad doblaban a
lo lejos▼.

III

Había pasado una hora, dos, tres; la medianoche
estaba a punto de sonar, cuando Beatriz se retiró a su   230
oratorio. Alonso no volvía, no volvía, y, a querer[12],
en menos de una hora pudiera haberlo hecho.

—¡Habrá tenido miedo! —exclamó la joven, cerrando su libro de oraciones y encaminándose a su lecho,
después de haber intentado inútilmente murmurar   235
algunos de los rezos que la Iglesia consagra en el día
de difuntos a los que ya no existen.

Después de haber apagado la lámpara y cruzado las
dobles cortinas de seda, se durmió; se durmió con un
sueño inquieto, ligero, nervioso▼▼.   240

Las doce sonaron en el reloj del Postigo. Beatriz oyó
entre sueños las vibraciones de la campana, lentas,

....
De haber querido.

▼ Los cuentos de ánimas, el viento y el doblar de las campanas son premonitorios.

▼ La sucesión de elementos sintácticos equivalentes (aquí, tres adjetivos) muestra la
·eocupación rítmica de la prosa de Bécquer.

sordas, tristísimas, y entreabrió los ojos. Creía haber
oído, a par de ellas, pronunciar su nombre; pero
245 lejos, muy lejos, y por una voz ahogada y doliente. El
viento gemía en los vidrios de la ventana.

—Será el viento —dijo, y poniéndose la mano sobre
el corazón procuró tranquilizarse.

Pero su corazón latía cada vez con más violencia, las
250 puertas de alerce[13] del oratorio habían crujido sobre
sus goznes con un chirrido agudo, prolongado y
estridente.

[13] Madera noble.

Primero unas y luego las otras más cercanas, todas
las puertas que daban paso a su habitación iban
255 sonando por su orden; éstas con un ruido sordo y
grave, aquéllas con un lamento largo y crispador.
Después, silencio; un silencio lleno de rumores extra-
ños, el silencio de la medianoche; con un murmullo
monótono de agua distante, lejanos ladridos de
260 perros, voces confusas, palabras ininteligibles; eco de
pasos que van y vienen, crujir de ropas que se
arrastran, suspiros que se ahogan, respiraciones fati-
gosas que casi se sienten, estremecimientos involun-
tarios que anuncian la presencia de algo que no se
265 ve, y que no obstante se nota su aproximación en la
oscuridad▾.

Beatriz, inmóvil, temblorosa, adelantó la cabeza
fuera de las cortinas y escuchó un momento. Oía mil
ruidos diversos; se pasaba la mano por la frente,
270 tornaba a escuchar; nada, silencio.

Veía, con esa fosforescencia de la pupila en las crisis
nerviosas, como bultos que se movían en todas
direcciones, y cuando dilatándolas las fijaba en un
punto, nada; oscuridad, las sombras impenetrables.

275 —¡Bah! —exclamó, volviendo a recostar su hermosa

▾ Obsérvense dos rasgos del estilo de las «Leyendas»: descripción de las sensacione
(aquí, auditivas) y enumeración de sintagmas equivalentes.

cabeza sobre la almohada de raso azul del lecho—.
¿Soy yo tan miedosa como estas pobres gentes cuyo
corazón palpita de terror bajo una armadura al oír
una conseja de aparecidos?

Y cerrando los ojos, intentó dormir...; pero en vano 280
había hecho un esfuerzo sobre sí misma. Pronto
volvió a incorporarse, más pálida, más inquieta, más
aterrada. Ya no era una ilusión: las colgaduras de
brocado[14] de la puerta habían rozado al separarse, y
unas pisadas lentas sonaban sobre la alfombra; el 285
rumor de aquellas pisadas era sordo, casi imperceptible, pero continuado, y a su compás se oía crujir una
cosa como madera o hueso. Y se acercaban, se
acercaban, y se movió el reclinatorio que estaba a la
orilla de su lecho. Beatriz lanzó un grito agudo, y 290
rebujándose[15] en la ropa que la cubría escondió la
cabeza y contuvo el aliento.

El aire azotaba los vidrios del balcón; el agua de la
fuente lejana caía y caía con un rumor eterno y
monótono; los ladridos de los perros se dilataban en 295
las ráfagas del aire, y las campanas de la ciudad de
Soria, unas cerca, otras distantes, doblaban tristemente por las ánimas de los difuntos.

Así pasó una hora, dos, la noche, un siglo, porque la
noche aquella pareció eterna a Beatriz. Al fin, 300
despuntó la aurora. Vuelta de su temor, entreabrió
los ojos a los primeros rayos de la luz. Después de
una noche de insomnio y de terrores, ¡es tan hermosa
la luz clara y blanca del día! Separó las cortinas de
seda del lecho, tendió una mirada serena a su 305
alrededor, y ya se disponía a reírse de sus temores
pasados, cuando de repente un sudor frío cubrió su
cuerpo, sus ojos se desencajaron y una palidez mortal
descoloró sus mejillas: sobre el reclinatorio había
visto, sangrienta y desgarrada, la banda azul que 310
perdiera en el monte, la banda azul que fue a buscar
Alonso.

[14] Tela de seda con dibujos que parecen bordados.

[15] Arrebujándose.

Cuando sus servidores llegaron, despavoridos, a
noticiarle la muerte del primogénito de Alcudiel,
315 que a la mañana había aparecido devorado por los
lobos entre las malezas del Monte de las Ánimas, la
encontraron inmóvil, crispada, asida con ambas
manos a una de las columnas de ébano del lecho,
desencajados los ojos, entreabierta la boca, blancos
320 los labios, rígidos los miembros, muerta, muerta de
horror.

IV

Dicen que después de acaecido este suceso, un
cazador extraviado que pasó la noche de difuntos sin
poder salir del Monte de las Ánimas, y que al otro
325 día, antes de morir, pudo contar lo que viera, refirió
cosas horribles. Entre otras, se asegura que vio a los
esqueletos de los antiguos templarios y de los nobles
de Soria enterrados en el atrio de la capilla levantarse al punto de la oración con un estrépito horrible y,
330 caballeros sobre osamentas de corceles, perseguir
como a una fiera a una mujer hermosa, pálida y
desmelenada que, con los pies desnudos y sangrien-
tos, y arrojando gritos de horror, daba vueltas
alrededor de la tumba de Alonso.

MAESE[1] PÉREZ EL ORGANISTA

(Leyenda sevillana)

En Sevilla, en el mismo atrio de Santa Inés, y mientras esperaba a que comenzase la misa del gallo, oí esta tradición a una demandadera[2] del convento.

Como era natural, después de oírla aguardé impa-   5
ciente a que comenzara la ceremonia, ansioso de asistir a un prodigio.

Nada menos prodigioso, sin embargo, que el órgano de Santa Inés, ni nada más vulgar que los insulsos

motetes[3] con que nos regaló su organista aquella   10
noche.

Al salir de la misa no pude por menos de decirle a la demandadera con aire de burla:

—¿En qué consiste que el órgano de maese Pérez suena ahora tan mal?   15

—¡Toma —me contestó la vieja—, en que ése no es
el suyo!

—¿No es el suyo? ¿Pues qué ha sido de él?

—Se cayó a pedazos de puro viejo hace una porción
20 de años.

—¿Y el alma del organista?

—No ha vuelto a aparecer desde que colocaron el
que ahora le sustituye.

Si a alguno de mis lectores se le ocurriese hacerme la
25 misma pregunta después de leer esta historia, ya sabe
el por qué no se ha continuado el milagroso portento
hasta nuestros días.

I

—¿Veis ése de la capa roja y la pluma blanca en el
fieltro, que parece que trae sobre su justillo[4] todo el
30 oro de los galeones de Indias? ¿Aquel que baja en
este momento de su litera para dar la mano a esa
otra señora que, después de dejar la suya, se adelanta
hacia aquí, precedida de cuatro pajes con hachas[5]?
Pues ése es el marqués de Moscoso, galán de la
35 condesa viuda de Villapineda. Se dice que antes de
poner sus ojos sobre esta dama había pedido en
matrimonio a la hija de un opulento señor; mas el
padre de la doncella, de quien se murmura que es un
poco avaro... Pero, ¡calle!, en hablando del ruin de
40 Roma, cátale[6] aquí que asoma. ¿Veis aquel que
viene por debajo del arco de San Felipe, a pie,
embozado en una capa oscura y precedido de un solo
criado con una linterna[7]? Ahora llega frente al
retablo.

45 ¿Reparasteis, al desembozarse para saludar a la
imagen, en la encomienda que brilla en su pecho? A
no ser por ese noble distintivo, cualquiera le creería

[4] Prenda interior, sin
mangas, que ciñe el
cuerpo hasta la cintura.

[5] Antorchas.

[6] Mírale (arcaísmo).

[7] Farol en forma de
caja provisto de asa.

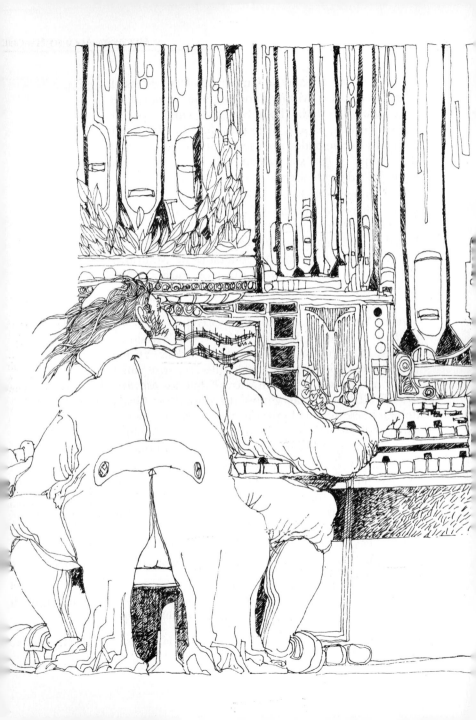

un lonjista[8] de la calle de Culebras... Pues ése es el
padre en cuestión. Mirad cómo la gente del pueblo le
50 abre paso y le saluda. Toda Sevilla le conoce por su
colosal fortuna. Él solo tiene más ducados de oro en
sus arcas que soldados mantiene nuestro señor el rey
don Felipe, y con sus galeones podría formar una
escuadra suficiente a resistir a la del Gran Turco[▼]...

55 Mirad, mirad ese grupo de señores graves; esos son
los caballeros veinticuatro[▼▼]. ¡Hola, hola! También
está aquí el flamencote, a quien se dice que no han
echado ya el guante los señores de la cruz verde [▼▼▼]
merced a su influjo con los magnates de Madrid...
60 Éste no viene a la iglesia más que a oír música... No,
pues si maese Pérez no le arranca con su órgano
lágrimas como puños, bien se puede asegurar que no
tiene su alma en su armario, sino friyéndose[9] en las
calderas de Pedro Botero... ¡Ay vecina! Malo...,
65 malo... Presumo que vamos a tener jarana. Yo me
refugio en la iglesia. Pues, por lo que veo, aquí van a
andar más de sobra los cintarazos[10] que los paternoster. Mirad, mirad: las gentes del duque de Alcalá
doblan la esquina de la plaza de San Pedro, y por el
70 callejón de las Dueñas se me figura que he columbra-
do[11] a las del de Medina Sidonia. ¿No os lo dije?

Ya se han visto, ya se detienen unos y otros, sin pasar
de sus puestos... Los grupos se disuelven... Los
ministriles[12], a quienes en estas ocasiones apalean
75 amigos y enemigos, se retiran... Hasta el señor

[8] Tendero.

[9] Friéndose (vulgaris-
mo).

[10] Golpes dados co
la espada de plano.

[11] Divisado.

[12] Empleados suba
ternos de la admini
tración de justicia.

[▼] «El rey don Felipe» (Felipe II), el «Gran Turco» y otras alusiones indirectas sitúa
el relato en un pasado lejano.

[▼▼] Los «caballeros veinticuatro» (de alto linaje) eran regidores comunales. Entre l
antepasados de Bécquer figuran varios, así como algunos flamencos.

[▼▼▼]Los «señores de la cruz verde» son funcionarios de la Inquisición (esa cruz figurab
en su enseña).

Funcionario seme-
nte al corregidor.

Escudos.

asistente[13], con su vara y todo, se refugia en el
atrio... Y luego dicen que hay justicia. Pará los
pobres...
Vamos, vamos, ya brillan los broqueles[14] en la
oscuridad... ¡Nuestro Señor del Gran Poder nos   80
asista! Ya comienzan los golpes... ¡Vecina, vecina!
Aquí... antes que cierren las puertas. Pero ¡calle!
¿Qué es eso? Aún no han comenzado, cuando lo
dejan... ¿Qué resplandor es aquél?... ¡Hachas encendidas! ¡Literas! Es el señor arzobispo.   85
La Virgen Santísima del Amparo, a quien invocaba
ahora mismo con el pensamiento, lo trae en mi
ayuda... ¡Ay! ¡Si nadie sabe lo que yo le debo a esta
Señora!... ¡Con cuánta usura me paga las candelillas
que le enciendo los sábados!... Vedlo qué hermosote   90

Bonete cuadrángu-
de clérigos.

está con sus hábitos morados y su birrete[15] rojo...
Dios le conserve en su silla tantos siglos como yo
deseo de vida para mí. Si no fuera por él, media
Sevilla hubiera ya ardido con estas disensiones de los
duques. Vedlos, vedlos, los hipocritones, cómo se   95
acercan ambos a la litera del prelado para besarle el
anillo... Cómo le siguen y le acompañan confundiéndose con sus familiares. Quién diría que esos dos que
parecen tan amigos, si dentro de media hora se
encuentran en una calle oscura... Es decir, ¡ellos,   100
ellos!... Líbreme Dios de creerlos cobardes. Buena
muestra han dado de sí peleando en algunas ocasiones contra los enemigos de Nuestro Señor... Pero es
la verdad que si se buscaran... y se buscaran con
ganas de encontrarse, se encontrarían, poniendo fin   105
de una vez a estas continuas reyertas, en las cuales
los que verdaderamente se baten el cobre de firme
son sus deudos, sus allegados y su servidumbre.
Pero vamos, vecina, vamos a la iglesia, antes que se
ponga de bote en bote..., que algunas noches como   110
ésta suele llenarse de modo que no cabe ni un grano
de trigo... Buena ganga tienen las monjas con su

organista... ¿Cuándo se ha visto el convento tan
favorecido como ahora?... De las otras comunidades
115 puedo decir que le han hecho a maese Pérez proposi-
ciones magníficas. Verdad que nada tiene de extraño, pues hasta el señor arzobispo le ha ofrecido
montes de oro por llevarle a la catedral... Pero él,
nada... Primero dejaría la vida que abandonar su
120 órgano favorito... ¿No conocéis a maese Pérez?
Verdad es que sois nueva en el barrio... Pues es un
santo varón, pobre, sí, pero limosnero cual no otro...
Sin más parientes que su hija ni más amigo que su
órgano, pasa su vida entera en velar por la inocencia
125 de la una y componer los registros del otro...
¡Cuidado que el órgano es viejo!... Pues nada; él se
da tal maña en arreglarle y cuidarle, que suena que
es una maravilla... Como que le conoce de tal modo,
que a tientas... Porque no sé si os lo he dicho, pero el
130 pobre señor es ciego de nacimiento...   ¡Y con qué
paciencia lleva su desgracia!... Cuando le preguntan
que cuánto daría por ver, responde: «Mucho, pero
no tanto como creéis, porque tengo esperanzas.»
«¿Esperanzas de ver?» «Sí, y muy pronto —añade,
135 sonriendo como un ángel—. Ya cuento setenta y seis
años. Por muy larga que sea mi vida, pronto veré a
Dios.»

¡Pobrecito! Y sí lo verá..., porque es humilde como
las piedras de la calle, que se dejan pisar de todo el
140 mundo. Siempre dice que no es más que un pobre
organista de convento, y puede dar lecciones de
solfa[16] al mismo maestro de capilla de la Primada.   [16] Solfeo.
Como que echó los dientes en el oficio... Su padre
tenía la misma profesión que él. Yo no le conocí,
145 pero mi señora madre, que santa gloria haya, dice
que le llevaba siempre al órgano consigo para darle a
los fuelles. Luego, el muchacho mostró tales disposi-
ciones, que, como era natural, a la muerte de su

padre heredó el cargo... ¡Y qué manos tiene! ¡Dios se
las bendiga! Merecía que se las llevaran a la calle de   150
Chicharreros y se las engarzasen en oro... Siempre
toca bien, siempre; pero en semejante noche como
ésta es un prodigio... Él tiene una gran devoción por
esta ceremonia de la misa del Gallo, y cuando
levantan la Sagrada Forma, al punto y hora de las   155
doce, que es cuando vino al mundo Nuestro Señor
Jesucristo..., las voces de su órgano son voces de
ángeles...

7 Alabarle.

En fin, ¿para qué tengo de ponderarle[17] lo que esta
noche oirá? Baste el ver cómo todo lo más florido de   160
Sevilla, hasta el mismo señor arzobispo, vienen a un
humilde convento para escucharle. Y no se crea que
sólo la gente sabida, y a la que se le alcanza esto de
la solfa, conocen su mérito, sino que hasta el populacho. Todas esas bandadas que veis llegar con teas   165
encendidas, entonando villancicos con gritos desafo-
rados al compás de los panderos, las sonajas y las
zambombas, contra su costumbre, que es la de
alborotar las iglesias, callan como muertos cuando
pone maese Pérez las manos en el órgano...; y   170

Levantar el cáliz y
la hostia tras la con-
sagración.

cuando alzan[18]..., cuando alzan no se siente una
mosca...: de todos los ojos caen lagrimones tamaños,
y al concluir se oye como un suspiro inmenso, que no
es otra cosa que la respiración de los circunstantes,
contenida mientras dura la música... Pero vamos,   175
vamos; ya han dejado de tocar las campanas, y va a
comenzar la misa. Vamos adentro... Para todo el
mundo es esta noche Nochebuena, pero para nadie
mejor que para nosotros.

Guía (italianismo).

Esto diciendo, la buena mujer que había servido de   180
cicerone[19] a su vecina atravesó el atrio del convento de
Santa Inés y, codazo en éste, empujón en aquél, se
internó en el templo perdiéndose entre la muchedumbre que se agolpaba en la puerta.

II

185　La iglesia estaba iluminada con una profusión asombrosa. El torrente de luz que se desprendía de los altares para llenar sus ámbitos chispeaba en los ricos joyeles de las damas que, arrodillándose sobre los cojines de terciopelo que tendían los pajes y tomando
190　el libro de oraciones de manos de sus dueñas, vinieron a formar un brillante círculo alrededor de la verja del presbiterio.

　　Junto a aquella verja, de pie, envueltos en sus capas de color galoneadas de oro, dejando entrever con
195　estudiado descuido las encomiendas rojas y verdes, en la una mano el fieltro, cuyas plumas besaban los tapices; la otra sobre los bruñidos gavilanes[20] del estoque o acariciando el pomo del cincelado puñal, los caballeros veinticuatro, con gran parte de lo
200　mejor de la nobleza sevillana, parecían formar un muro destinado a defender a sus hijas y sus esposas del contacto con la plebe. Ésta, que se agitaba en el fondo de las naves con un rumor parecido al del mar cuando se alborota, prorrumpió en una aclamación
205　de júbilo, acompañada del discordante sonido de las sonajas y los panderos, al mirar aparecer al arzobispo, el cual, después de sentarse junto al altar mayor, bajo un solio[21] de grana que rodearon sus familiares, echó por tres veces la bendición al pueblo.

210　Era hora de que comenzase la misa. Transcurrieron, sin embargo, algunos minutos sin que el celebrante apareciese. La multitud comenzaba a rebullirse demostrando su impaciencia; los caballeros cambiaban entre sí algunas palabras a media voz, el arzobispo
215　mandó a la sacristía a uno de sus familiares a inquirir[22] el por qué no comenzaba la ceremonia.

　　—Maese Pérez se ha puesto malo, muy malo, y será imposible que asista esta noche a la misa de medianoche.

[20] Hierros que salen de la guarnición de la espada formando la cruz.

[21] Trono, asiento con dosel (Bécquer parece confundirlo con «dosel»: mueble que cubre el asiento y de que pende una colgadura).

[22] Averiguar.

Esa fue la respuesta del familiar.   220

La noticia cundió instantáneamente entre la muchedumbre. Pintar el efecto desagradable que causó en todo el mundo sería cosa imposible. Baste decir que comenzó a notarse tal bullicio en el templo, que el asistente se puso de pie y los alguaciles entraron a   225
imponer silencio, confundiéndose entre las apiñadas olas de la multitud.

En aquel momento, un hombre mal trazado, seco, huesudo y bisojo[23] por añadidura, se adelantó hasta el sitio que ocupaba el prelado.   230

—Maese Pérez está enfermo —dijo—. La ceremonia no puede empezar. Si queréis, yo tocaré el órgano en su ausencia, que ni maese Pérez es el primer organista del mundo, ni a su muerte dejará de usarse este instrumento por falta de inteligentes.   235

El arzobispo hizo una señal de asentimiento con la cabeza, y ya algunos de los fieles, que conocían a aquel personaje extraño por un organista envidioso, enemigo del de Santa Inés, comenzaban a prorrumpir en exclamaciones de disgusto, cuando de impro-   240
viso se oyó en el atrio un ruido espantoso.

—¡Maese Pérez está aquí!... ¡Maese Pérez está aquí!...

A estas voces de los que estaban apiñados en la puerta, todo el mundo volvió la cara.   245

Maese Pérez, pálido y desencajado, entraba, en efecto, en la iglesia, conducido en un sillón, que todos se disputaban el honor de llevar en sus hombros.

Los preceptos de los doctores, las lágrimas de su hija,   250
nada había sido bastante a detenerle en el lecho.

—No —había dicho—. Ésta es la última, lo conozco. Lo conozco, y no quiero morir sin visitar mi órgano, y esta noche sobre todo, la Nochebuena. Vamos, lo quiero, lo mando. Vamos a la iglesia.   255

[23] Bizco.

Sus deseos se habían cumplido. Los concurrentes lo
subieron en brazos a la tribuna y comenzó la misa.
En aquel punto sonaban las doce en el reloj de la
catedral.

260 Pasó el introito, y el evangelio, y el ofertorio[24], y
llegó el instante solemne en que el sacerdote, después
de haberla consagrado, toma con la extremidad de
sus dedos la Sagrada Forma y comienza a elevarla.

Una nube de incienso que se desenvolvía en ondas
265 azuladas llenó el ámbito de la iglesia. Las campanillas repicaron con un sonido vibrante y maese Pérez
puso sus crispadas manos sobre las teclas del órgano.

Las cien voces de sus tubos de metal resonaron en un
acorde majestuoso y prolongado, que se perdió poco
270 a poco, como si una ráfaga de aire hubiese arrebatado sus últimos ecos.

A este primer acorde, que parecía una voz que se
elevaba desde la tierra al cielo, respondió otro lejano
y suave, que fue creciendo, creciendo, hasta conver-
275 tirse en un torrente de atronadora armonía. Era la
voz de los ángeles que, atravesando los espacios,
llegaba al mundo.

Después comenzaron a oírse como unos himnos
distantes que entonaban las jerarquías de serafines.
280 Mil himnos a la vez, que al confundirse formaban
uno solo que, no obstante, sólo era el acompaña-
miento de una extraña melodía, que parecía flotar
sobre aquel océano de acordes misteriosos, como un
jirón de niebla sobre las olas del mar.

285 Luego fueron perdiéndose unos cuantos; después,
otros. La combinación se simplificaba. Ya no eran
más que dos voces, cuyos ecos se confundían entre sí;
luego quedó una aislada, sosteniendo una nota
brillante como un hilo de luz. El sacerdote inclinó la
290 frente, y por encima de su cabeza cana, y como a
través de una gasa azul que fingía el humo del

[24] Distintas partes de la misa.

incienso, apareció la hostia a los ojos de los fieles. En aquel instante, la nota que maese Pérez sostenía tremando²⁴ ᵇⁱˢ se abrió, se abrió, y una explosión de
295 armonía gigante estremeció la iglesia, en cuyos ángulos zumbaba el aire comprimido y cuyos vidrios de colores se estremecían en sus angostos ajimeces²⁵.

De cada una de las notas que formaban aquel magnífico acorde se desarrolló un tema, y unos
300 cerca, otros lejos, éstos brillantes, aquéllos sordos, diríase que las aguas y los pájaros, las brisas y las frondas, los hombres y los ángeles, la tierra y los cielos, cantaban, cada cual en su idioma, un himno al nacimiento del Salvador▾.

305 La ·multitud escuchaba atónita y suspendida. En todos los ojos había una lágrima; en todos los espíritus, un profundo recogimiento.

El sacerdote que oficiaba sentía temblar sus manos, porque Aquél que levantaba en ellas, Aquél a quien
310 saludaban hombres y arcángeles, era su Dios, era su Dios, y le parecía haber visto abrirse los cielos y transfigurarse la hostia.

El órgano proseguía sonando; pero sus voces se apagaban gradualmente, como una voz que se pier-
315 de de eco en eco y se aleja y se debilita al alejarse, cuando sonó un grito en la tribuna, un grito desgarrador, agudo, un grito de mujer.

El órgano exhaló un sonido discorde y extraño, semejante a un sollozo, y quedó mudo.

320 La multitud se agolpó a la escalera de la tribuna, hacia la que, arrancados de su éxtasis religioso, volvieron la mirada con ansiedad todos los fieles.

—¿Qué ha sucedido? ¿Qué pasa? —se decían unos a otros, y nadie sabía responder, y todos se empeñaban

²⁴ ᵇⁱˢ Temblando.

²⁵ Ventanas arquea-
das divididas en dos
por una columna.

▾ He aquí un tema muy querido a Bécquer: la identidad entre arte y religión, manifestaciones ambas del impulso al ideal.

en adivinarlo, y crecía la confusión, y el alboroto   325
comenzaba a subir de punto, amenazando turbar el
orden y el recogimiento propios de la iglesia.

—¿Qué ha sido eso? —preguntaron las damas al
asistente que, precedido de los ministriles, fue uno de
los primeros a subir a la tribuna y que, pálido y con   330
muestras de profundo pesar, se dirigía al puesto en
donde le esperaba el arzobispo, ansioso, como todos,
por saber la causa de aquel desorden.

—¿Qué hay?

—Que maese Pérez acaba de morir▾.   335

En efecto, cuando los primeros fieles, después de
atropellarse por la escalera, llegaron a la tribuna,
vieron al pobre organista caído de boca sobre las
teclas de su viejo instrumento, que aún vibraba
sordamente, mientras su hija, arrodillada a sus pies,   340
lo llamaba en vano entre suspiros y sollozos.

III

—Buenas noches, mi señora doña Baltasara. ¿También usarced[26] viene esta noche a la misa del Gallo?
Por mi parte, tenía hecha intención de irla a oír a la
parroquia; pero, lo que sucede... ¿Dónde va Vicente?   345
Donde va la gente. Y eso que, si he de decir la
verdad, desde que murió maese Pérez parece que me
echan una losa sobre el corazón cuando entro en
Santa Inés... ¡Pobrecito! ¡Era un santo!... Yo de mí
sé decir que conservo un pedazo de su jubón[27] como   350
una reliquia, y lo merece... Pues en Dios y en mi
ánima que si el señor arzobispo tomara mano en
ello, es seguro que nuestros nietos le verían en
altares... Mas ¿cómo ha de ser?... A muertos y a idos

....
⁵ Contracción   de
«vuestra merced».

....
Prenda de vestir
que cubre hasta la
ntura.

▾ Un motivo muy romántico: alcanzar el ideal lleva consigo la muerte.

355 no hay amigos... Ahora lo que priva es la nove-
dad..., ya me entiende usarced. ¡Qué! ¿No sabe nada
de lo que pasa? Verdad que nosotras nos parecemos
en eso: de nuestra casita a la iglesia y de la iglesia a
nuestra casita, sin cuidarnos de lo que se dice o se
360 deja de decir... Sólo que yo, así..., al vuelo..., una
palabra de acá, otra de acullá... sin ganas de
enterarme siquiera, suelo estar al corriente de algunas novedades.

Pues sí, señor. Parece cosa hecha que el organista de
365 San Román▼, aquel bisojo que siempre está echando
pestes de los otros organistas, aquel perdulariote[28],
que más parece jifero[29] de la Puerta de la Carne que
maestro de solfa, va a tocar esta Nochebuena en
lugar de maese Pérez. Ya sabrá usarced, porque esto
370 lo ha sabido todo el mundo y es cosa pública en
Sevilla, que nadie quería comprometerse a hacerlo.
Ni aun su hija, que es profesora, y después de la
muerte de su padre entró en el convento de novicia.

Y era natural: acostumbrados a oír aquellas maravi-
375 llas, cualquiera otra cosa había de parecernos mala,
por más que quisieran evitarse las comparaciones.
Pues cuando ya la comunidad había decidido que en
honor del difunto, y como muestra de respeto a su
memoria, permanecería callado el órgano en esta
380 noche, hete aquí que se presenta nuestro hombre
diciendo que él se atreve a tocarle... No hay nada
más atrevido que la ignorancia... Cierto que la culpa
no es suya, sino de los que le consienten esta
profanación. Pero así va el mundo... Y digo... No es
385 cosa la gente que acude... Cualquiera diría que nada
ha cambiado de un año a otro. Los mismos personajes, el mismo lujo, los mismos empellones en la

----

[28] Muy desaliñado.

[29] Matarife.

▼ A lo largo de la leyenda, este personaje, caracterizado por su orgullo y su
incapacidad musical, es el antagonista de maese Pérez.

puerta, la misma animación en el atrio, la misma
multitud en el templo... ¡Ay, si levantara el muerto
la cabeza! Se volvía a morir por no oír su órgano   390
tocado por manos semejantes.

Lo que tiene que, si es verdad lo que me han dicho,
las gentes del barrio le preparan una buena al
intruso. Cuando llegue el momento de poner la
mano sobre las teclas, va a comenzar una algarabía   395
de sonajas, panderos y zambombas que no haya más
que oír... Pero, ¡calle!, ya entra en la iglesia el héroe
de la función. ¡Jesús, qué ropilla de colorines, qué

gorguera de cañutos[30], qué aires de personaje! Vamos, vamos, que ya hace rato que llegó el arzobispo   400
y va a comenzar la misa... Vamos, que me parece
que esta noche va a darnos que contar para muchos
días.

Esto diciendo, la buena mujer, que ya conocen
nuestros lectores por sus exabruptos[31] de locuacidad, 405
penetró en Santa Inés, abriéndose, según costumbre,
un camino entre la multitud a fuerza de empellones
y codazos.

Ya se había dado principio a la ceremonia. El
templo estaba tan brillante como el año anterior.   410

El nuevo organista, después de atravesar por en
medio de los fieles que ocupaban las naves para ir a
besar el anillo del prelado, había subido a la tribuna,
donde tocaba, unos tras otros, los registros del
órgano con una gravedad tan afectada como ri-   415
dícula.

Entre la gente menuda que se apiñaba a los pies de
la iglesia se oía un rumor sordo y confuso, cierto
presagio de que la tempestad comenzaba a fraguarse
y no tardaría mucho en dejarse sentir.   420

—Es un truhán que, por no hacer nada bien, ni aun
mira a derechas —decían los unos.

—Es un ignorantón que, después de haber puesto el

órgano de su parroquia peor que una carraca, viene
425 a profanar el de maese Pérez —decían los otros.

Y mientras éste se desembarazaba del capote para
prepararse a darle de firme a su pandero, y aquél
apercibía sus sonajas, y todos se disponían a hacer
bulla a más y mejor, sólo alguno que otro se
430 aventuraba a defender tibiamente al extraño personaje, cuyo porte orgulloso y pedantesco hacía tan
notable contraposición con la modesta apariencia y
la afable bondad del difunto maese Pérez.

Al fin llegó el esperado momento, el momento
435 solemne en que el sacerdote, después de inclinarse y
murmurar algunas palabras santas, tomó la hostia
en sus manos... Las campanillas repicaron, semejan-
do su repique una lluvia de notas de cristal. Se
elevaron las diáfanas ondas del incienso y sonó el
440 órgano.

Una estruendosa algarabía llenó los ámbitos de la
iglesia en aquel instante y ahogó su primer acorde.

Zampoñas, gaitas, sonajas, panderos, todos los ins-
trumentos del populacho alzaron sus discordantes
445 voces a la vez; pero la confusión y el estrépito sólo
duró algunos segundos. Todos a la vez, como habían
comenzado, enmudecieron de pronto.

El segundo acorde, amplio, valiente, magnífico, se
sostenía aún, brotando de los tubos de metal del
450 órgano como una cascada de armonía inagotable y
sonora.

Cantos celestes como los que acarician los oídos en
los momentos de éxtasis, cantos que percibe el
espíritu y no los puede repetir el labio, notas sueltas
455 de una melodía lejana que suenan a intervalos,
traídas en las ráfagas del viento; rumor de hojas que
se besan en los árboles con un murmullo semejante
al de la lluvia, trinos de alondras que se levantan
gorjeando de entre las flores como una saeta despedi-

da a las nubes; estruendos sin nombre, imponentes   460
como los rugidos de una tempestad; coros de serafines sin ritmo ni cadencia, ignota música del cielo
que sólo la imaginación comprende, himnos alados
que parecían remontarse al trono del Señor como
una tromba de luz y de sonidos..., todo lo expresa-   465
ban las cien voces del órgano con más pujanza, con
más misteriosa poesía, con más fantástico color que
lo habían expresado nunca▼.

. . . .

Cuando el organista bajo de la tribuna, la muchedumbre que se agolpó a la escalera fue tanta y tanto   470
su afán por verle y admirarle, que el asistente,
temiendo, no sin razón, que le ahogaran entre
todos, mandó a algunos de sus ministriles para que,
vara en mano, le fueran abriendo camino hasta
llegar al altar mayor, donde el prelado le esperaba.   475

—Ya veis —le dijo este último cuando le trajeron a
su presencia—. Vengo desde mi palacio aquí sólo
por escucharos. ¿Seréis tan cruel como maese Pérez
que nunca quiso excusarme el viaje tocando la
Nochebuena en la misa de la catedral?   480

—El año que viene —respondió el organista—
prometo daros gusto, pues por todo el oro de la tierra
no volvería a tocar este órgano.

—¿Y por qué? —interrumpió el prelado.

—Porque... —añadió el organista, procurando do-   485
minar la emoción que se revelaba en la palidez de su
rostro—, porque es viejo y malo, y no puede expresar
todo lo que se quiere.

El arzobispo se retiró, seguido de sus familiares.

|||||||||||||||||||||||||||||||||||||||||||||||||||||||||||||||||||||||||||||||||||||||||||||||||||||||||||||

Otra vez, inesperadamente ahora, la música provoca el éxtasis. Las metáforas y
meraciones del texto intentan expresarlo.

490 Unas tras otras, las literas de los señores fueron
     desfilando y perdiéndose en las revueltas de las calles
     vecinas; los grupos del atrio se disolvieron, disper-
     sándose los fieles en distintas direcciones, y ya la
     demandadera se disponía a cerrar las puertas de la
495 entrada del atrio, cuando se divisaban aún dos
     mujeres que después de persignarse y murmurar una
     oración ante el retablo del arco de San Felipe,
     prosiguieron su camino, internándose en el callejón
     de las Dueñas.

500 —Qué quiere usarced, mi señora doña Baltasara
     —decía la una—. Yo soy de este genial [32]. Cada loco   [32] Carácter,   índc
     con su tema... Me lo habían de asegurar capuchinos   (vulgarismo).
     descalzos y no lo creería del todo... Ese hombre no
     puede haber tocado lo que acabamos de escuchar...
505 Si yo lo he oído mil veces en San Bartolomé, que era
     su parroquia, y de donde tuvo que echarle el señor
     cura por malo, y era cosa de taparse los oídos con
     algodones... Y luego, si no hay más que mirarle al
     rostro, que, según dicen, es el espejo del alma... Yo
510 me acuerdo, pobrecito, como si la estuviera viendo,
     me acuerdo de la cara de maese Pérez cuando, en
     semejante noche como ésta, bajaba de la tribuna,
     después de haber suspendido al auditorio con sus
     primores... ¡Qué sonrisa tan bondadosa, qué color
515 tan animado!... Era viejo y parecía un ángel... No
     que éste ha bajado las escaleras a trompicones, como
     si le ladrase un perro en la meseta, y con un color de
     difunto y unas... Vamos, mi señora doña Baltasara,
     créame usarced, y créame con todas veras: yo sospe-
520 cho que aquí hay busilis [33]...   [33] Intríngulis,   raz
                                                                 oculta de algo.

     Comentando las últimas palabras, las dos mujeres
     doblaban la esquina del callejón y desaparecían.

     Creemos inútil decir a nuestros lectores quién era
     una de ellas.

IV

525 Había transcurrido un año más [▼]. La abadesa del
convento de Santa Inés y la hija de maese Pérez
hablaban en voz baja, medio ocultas entre las sombras del coro de la iglesia. El esquilón llamaba a voz
herida a los fieles desde la torre, y alguna que otra
530 rara persona atravesaba el atrio, silencioso y desierto
esta vez, y después de tomar el agua bendita en la
pucrta, escogía un puesto en un rincón de las naves,
donde unos cuantos vecinos del barrio esperaban
tranquilamente a que comenzara la misa del Gallo.

535 —Ya lo veis —decía la superiora—: vuestro temor
es sobre manera pueril; nadie hay en el templo; toda
Sevilla acude en tropel a la catedral esta noche.
Tocad vos el órgano, y tocadle sin desconfianza de
ninguna clase; estaremos en comunidad... Pero...
540 proseguís callando, siñ que cesen vuestros suspiros.
¿Qué os pasa? ¿Qué tenéis?

—Tengo... miedo —exclamó la joven con un acento
profundamente conmovido.

—¡Miedo! ¿De qué?

545 —No sé..., de una cosa sobrenatural... Anoche,
mirad, yo os había oído decir que teníais empeño en
que tocase el órgano en la misa y, ufana con esta
distinción, pensé arreglar sus registros y templarle, a
fin de que hoy os sorprendiese... Vine al coro...
550 sola..., abrí la puerta que conduce a la tribuna... En
el reloj de la catedral sonaba en aquel momento una
hora..., no sé cuál..., pero las campanadas eran
tristísimas y muchas..., muchas..., estuvieron sonando todo el tiempo que yo permanecí como clavada
555 en el dintel [34], y aquel tiempo me pareció un siglo.

[34] Parte superior
la puerta (Bécquer
confunde con «ur
bral»: parte inferi
de la puerta).

[▼] Los distintos capítulos de la leyenda, cada uno centrado en una situació
muestran el paso de los años.

La iglesia estaba desierta y oscura... Allá lejos, en el
fondo, brillaba, como una estrella perdida en el cielo
de la noche, una luz moribunda...: la luz de la
lámpara que arde en el altar mayor... A sus reflejos
debilísimos, que sólo contribuían a hacer más visible   560
todo el profundo horror de las sombras, vi..., lo vi,
madre, no lo dudéis; vi un hombre que, en silencio, y
vuelto de espaldas hacia el sitio en que yo estaba,
recorría con una mano las teclas del órgano, mien-
tras tocaba con la otra a sus registros..., y el órgano   565
sonaba, pero sonaba de una manera indescriptible.
Cada una de sus notas parecía un sollozo ahogado
dentro del tubo de metal, que vibraba con el aire
comprimido en su hueco y reproducía el tono sordo,
casi imperceptible, pero justo.   570
Y el reloj de la catedral continuaba dando la hora, y
el hombre aquel proseguía recorriendo las teclas. Yo
oía hasta su respiración.
El horror había helado la sangre de mis venas; sentía
en mi cuerpo como un frío glacial, y en mis sienes   575
fuego... Entonces quise gritar, quise gritar, pero no
pude. El hombre aquel había vuelto la cara y me
había mirado...; digo mal, no me había mirado,
porque era ciego... ¡Era mi padre!

El demonio.

—¡Bah! Hermana, desechad esas fantasías con que el   580
enemigo malo[35] procura turbar las imaginaciones
débiles... Rezad un *paternoster* y un *avemaría* al
arcángel San Miguel, jcfc de las milicias celestiales,
para que os asista contra los malos espíritus. Llevad
al cuello un escapulario tocado en la reliquia de San   585
Pacomio, abogado contra las tentaciones, y mar-
chad, marchad a ocupar la tribuna del órgano; la
misa va a comenzar, y ya esperan con impaciencia
los fieles... Vuestro padre está en el cielo, y desde
allí, antes que a daros sustos, bajará a inspirar a su   590
hija en esta ceremonia solemne, para el objeto de tan
especial devoción.

La priora fue a ocupar su sillón en el coro en medio
de la comunidad. La hija de maese Pérez abrió con
595 mano temblorosa la puerta de la tribuna para
sentarse en el banquillo del órgano, y comenzó la
misa.

Comenzó la misa y prosiguió sin que ocurriese nada
notable hasta que llegó la consagración. En aquel
600 momento sonó el órgano, y al mismo tiempo que el
órgano, un grito de la hija de maese Pérez. La
superiora, las monjas y algunos de los fieles corrieron
a la tribuna.

—¡Miradle! ¡Miradle! —decía la joven, fijando sus
605 desencajados ojos en el banquillo, de donde se había
levantado, asombrada, para agarrarse con sus manos
convulsas al barandal de la tribuna.

Todo el mundo fijó sus miradas en aquel punto. El
órgano estaba solo, y, no obstante, el órgano seguía
610 sonando...; sonando como sólo los arcángeles po-
drían imitarle en sus raptos de místico alborozo.

*

—¿No os lo dije yo una y mil veces, mi señora doña
Baltasara; no os lo dije yo? ¡Aquí hay busilis! Vedlo.
¡Qué!, ¿no estuvisteis anoche en la misa del Gallo?
615 Pero, en fin, ya sabréis lo que pasó. En toda Sevilla
no se habla de otra cosa... El señor arzobispo está
hecho, y con razón, una furia... Haber dejado de
asistir a Santa Inés, no haber podido presenciar el
portento..., ¿y para qué?... Para oír una cencerrada,
620 porque personas que lo oyeron dicen que lo que hizo
el dichoso organista de San Bartolomé en la catedral
no fue otra cosa... Si lo decía yo. Eso no puede
haberlo tocado el bisojo, mentira...; aquí hay busilis,
y el busilis era, en efecto, el alma de maese Pérez▼

▼ La leyenda acaba con el mismo personaje y tono con que empezó. De este modo, l
cotidiano acepta con naturalidad lo sobrenatural.

Emisor —Bequer
Narrador

Receptor— Nosotros

Busqueda de la perfección.

EL RAYO DE LUNA

(Leyenda soriana)

Yo no sé si esto es una historia que parece cuento o un cuento que parece historia; lo que puedo decir es que en su fondo hay una verdad, una verdad muy triste, de la que acaso yo seré uno de los últimos en aprovecharme, dadas mis condiciones de imagina- 5
ción.

Otro, con esta idea, tal vez hubiera hecho un tomo de filosofía lacrimosa; yo he escrito esta leyenda, que, a los que nada vean en su fondo, al menos podrá entretenerles un rato. 10

I

Era noble; había nacido entre el estruendo de las armas, y el insólito clamor de una trompa de guerra no le hubiera hecho levantar la cabeza un instante,

ni apartar sus ojos un punto del oscuro pergamino en
15 que leía la última cántiga[1] de un trovador.

[1] Composición poéti-
ca para ser cantada.

Los que quisieran encontrarle no lo debían buscar en
el anchuroso patio de su castillo, donde los palafrene-
ros[2] domaban los potros, los pajes enseñaban a volar
a los halcones y los soldados se entretenían los días

[2] Criados que cuida
los caballos.

20 de reposo en afilar el hierro de su lanza contra una
piedra.

—¿Dónde está Manrique? ¿Dónde está vuestro señor? —preguntaba algunas veces su madre.

—No sabemos —respondían sus servidores—; acaso
25 estará en el claustro del monasterio de la Peña,
sentado al borde de una tumba, prestando oído a ver
si sorprende alguna palabra de la conversación de los
muertos; o en el puente, mirando correr una tras otra
las olas del río por debajo de sus arcos; o acurrucado
30 en la quiebra de una roca y entretenido en contar las
estrellas del cielo, en seguir una nube con la vista o
contemplar los fuegos fatuos que cruzan como exha-
laciones sobre el haz de las lagunas. En cualquiera
parte estará, menos en donde esté todo el mundo.

35 En efecto, Manrique amaba la soledad, y la amaba de
tal modo, que algunas veces hubiera deseado no
tener sombra, porque su sombra no le siguiese a
todas partes.

Amaba la soledad porque en su seno, dando rienda
40 suelta a la imaginación, forjaba un mundo fantástico, habitado por extrañas creaciones, hijas de sus
delirios y sus ensueños de poeta, porque Manrique
era poeta; tanto, que nunca le habían satisfecho las
formas en que pudiera encerrar sus pensamientos y
45 nunca los había encerrado al escribirlos▼.

▼ La idea de que la poesía no puede encerrarse en una forma (Cfr. «Introducci
sinfónica» y rima I) aparece expresamente.

Creía que entre las rojas ascuas del hogar habitaban
espíritus de fuego de mil colores, que corrían como
insectos de oro a lo largo de los troncos encendidos, o
danzaban en una luminosa ronda de chispas en la
cúspide de las llamas, y se pasaba las horas muertas   50
sentado en un escabel[3], junto a la alta chimenea
gótica, inmóvil y con los ojos fijos en la lumbre.

Creía que en el fondo de las ondas del río, entre los
musgos de la fuente y sobre los vapores del lago
vivían unas mujeres misteriosas, hadas, sílfides[4] u   55
ondinas[5], que exhalaban lamentos y suspiros o cantaban y se reían en el monótono rumor del agua,
rumor que oía en silencio, intentando traducirlo.

En las nubes, en el aire, en el fondo de los bosques,
en las grietas de las peñas imaginaba percibir formas   60
o escuchar sonidos misteriosos, formas de seres sobre-
naturales, palabras ininteligibles que no podía comprender.

¡Amar! Había nacido para soñar el amor, no para
sentirlo. Amaba a todas las mujeres un instante: a   65
ésta porque era rubia, a aquélla porque tenía los
labios rojos, a la otra porque se cimbreaba, al andar,
como un junco.

Algunas veces llegaba su delirio hasta el punto de
quedarse una noche entera mirando a la luna, que   70
flotaba en el cielo entre un vapor de plata, o las
estrellas, que temblaban a lo lejos como los cambian-
tes[6] de las piedras preciosas. En aquellas largas
noches de poético insomnio exclamaba:

—Si es verdad, como el prior de la Peña me ha   75
dicho, que es posible que esos puntos de luz sean
mundos; si es verdad que en ese globo de nácar que
rueda sobre las nubes habitan gentes, ¡qué mujeres
tan hermosas serán las mujeres de esas regiones
luminosas! Y yo no podré verlas, y yo no podré   80

Taburete.

Espíritus femeninos
el aire.

Ninfas acuáticas.

Variaciones en los
lores.

amarlas... ¿Cómo será su hermosura?... ¿Cómo será
su amor?...

Manrique no estaba aún lo bastante loco para que le
siguiesen los muchachos, pero sí lo suficiente para
85 hablar y gesticular a solas, que es por donde se em-
pieza▼.

II

Sobre el Ducro, que pasaba lamiendo las carcomidas
y oscuras piedras de las murallas de Soria, hay un
puente que conduce de la ciudad al antiguo conven-
90 to de los Templarios, cuyas posesiones se extendían a
lo largo de la opuesta margen del río.

En la época a que nos referimos, los caballeros de la
orden habían ya abandonado sus históricas fortale-
zas; pero aún quedaban en pie los restos de los
95 anchos torreones de sus muros; aún se veían, como
en parte se ven hoy, cubiertos de hiedras y campanillas blancas, los macizos arcos de su claustro, las
prolongadas galerías ojivales de sus patios de armas,
en las que suspiraba el viento con un gemido,
100 agitando las altas yerbas.

En los huertos y en los jardines, cuyos senderos no
hollaban[7] hacía muchos años las plantas de los
religiosos, la vegetación, abandonada de sí misma,
desplegaba todas sus galas, sin temor de que la mano
105 del hombre la mutilase, creyendo embellecerla.

Las plantas trepadoras subían encaramándose por
los añosos troncos de los árboles; las sombrías calles
de álamos, cuyas copas se tocaban y se confundían
entre sí, se habían cubierto de céspedes; los cardos
110 silvestres y las ortigas brotaban en medio de los

[7] Pisaban.

▼ Una transición irónica: a los ojos de la razón, del sentido común, Manrique parec
loco.

enarenados caminos, y en los trozos de fábrica
próximos a desplomarse, el jaramago[8], flotando al
viento como el penacho de una cimera[9], y las
campanillas blancas y azules, balanceándose como
115   en un columpio sobre sus largos y flexibles tallos,
pregonaban la victoria de la destrucción y la ruina.

Era de noche; una noche de verano, templada, llena
de perfumes y de rumores apacibles, y con una luna
blanca y serena en mitad de un cielo azul, luminoso.

120   Manrique, presa su imaginación de un vértigo de
poesía, después de atravesar el puente, desde donde
contempló un momento la negra silueta de la ciudad
que se destacaba sobre el fondo de algunas nubes
blanquecinas y ligeras arrolladas en el horizonte, se
125   internó en las desiertas ruinas de los Templarios.

La medianoche tocaba a su punto. La luna, que se
había ido remontando lentamente, estaba ya en lo
más alto del cielo, cuando al entrar en una oscura
alameda que conducía desde el derruido claustro a
130   la margen del Duero, Manrique exhaló un grito, un
grito leve, ahogado, mezcla extraña de sorpresa, de
temor y de júbilo.

En el fondo de la sombría alameda había visto
agitarse una cosa blanca que flotó un momento y
135   desapareció en la oscuridad. La orla del traje de una
mujer, de una mujer que había cruzado el sendero y
se ocultaba entre el follaje, en el mismo instante en
que el loco soñador de quimeras[10] e imposibles
penetraba en los jardines.

140   —¡Una mujer desconocida!... ¡En este sitio!... ¡A
estas horas! Ésa, ésa es la mujer que yo busco
—exclamó Manrique; y se lanzó en su seguimiento,
rápido como una saeta▾.

8 Planta de flores
amarillas común en-
tre los escombros.

9 Parte superior de
casco de una armadu-
ra.

10 Ilusiones, sueños.

▾ Obsérvese el escenario característico (soledad, medianoche, ruinas) en que se sitú
el episodio inicial de la leyenda.

III

Llegó al punto en que había visto perderse, entre la
espesura de las ramas, a la mujer misteriosa. Había   145
desaparecido. ¿Por dónde? Allá lejos, muy lejos,
creyó divisar por entre los cruzados troncos de los
árboles como una claridad o una forma blanca que
se movía.

—¡Es ella, es ella, que lleva alas en los pies y huye   150
como una sombra! —dijo, y se precipitó en su busca,
separando con las manos las redes de yedra que se
extendían como un tapiz de unos en otros álamos.
Llegó, rompiendo por entre la maleza y las plantas
parásitas, hasta una especie de rellano que ilumina-   155
ba la claridad del cielo... ¡Nadie!—. ¡Ah!... por aquí,
por aquí va —exclamó entonces—. Oigo sus pisadas
sobre las hojas secas, y el crujido de su traje, que
arrastra por el suelo y roza en los arbustos —y corría
y corría como un loco, de aquí para allá, y no la   160
veía—. Pero siguen sonando sus pisadas —murmuró
otra vez—; creo que ha hablado; no hay duda, ha
hablado... El viento, que suspira entre las ramas; las
hojas, que parece que rezan en voz baja, me han
impedido oír lo que ha dicho; pero no hay duda: va   165
por ahí, ha hablado..., ha hablado... ¿En qué idioma? No sé; pero es una lengua extranjera...

Y tornó a correr en su seguimiento. Afán inútil. Unas
veces creyendo verla, otras pensando oírla; ya notan-
do que las ramas por entre las cuales había desapare-   170
cido se movían, aún ahora imaginando distinguir en
la arena la huella de sus breves pies; luego, firme-
mente persuadido de que un perfume especial, que
aspiraba a intervalos, era un aroma perteneciente a
aquella mujer, que se burlaba de él complaciéndose   175
en huirle por entre aquellas intrincadas malezas.

Vagó algunas horas de un lado a otro, fuera de sí, ya
parándose para escuchar, ya deslizándose con las

mayores precauciones sobre la hierba, ya en una
180 carrera frenética y desesperada.

Avanzando, avanzando por entre los inmensos jardines que bordaban la margen del río, llegó al fin al
pie de las rocas sobre las que se eleva la ermita de
San Saturio.

185 —Tal vez, desde esta altura podré orientarme para
seguir mis pesquisas a través de ese confuso laberinto
—exclamó, trepando de peña en peña con la ayuda
de su daga.

Llegó a la cima; desde ella se descubre la ciudad en
190 lontananza y una gran parte del Duero, que se
retuerce a sus pies, arrastrando una corriente impe-
tuosa y oscura por entre las corvas márgenes que lo
encarcelan.

Manrique, una vez en lo alto de las rocas, tendió la
195 vista a su alrededor, pero al tenderla y fijarla al cabo
en un punto, no pudo contener una blasfemia▼.

La luz de la luna rielaba chispeando en la estela que
dejaba en pos de sí una barca que se dirigía a todo
remo a la orilla opuesta.

200 En aquella barca había creído distinguir una forma
blanca y esbelta, una mujer sin duda, la mujer que
había visto en los Templarios, la mujer de sus
sueños, la realización de sus más locas esperanzas. Se
descolgó de las peñas con la agilidad de un gamo,
205 arrojó al suelo la gorra, cuya redonda y larga pluma
podía embarazarle para correr, y desnudándose del
ancho capotillo de terciopelo, partió como una exha-
lación hacia el puente.

Pensaba atravesarlo y llegar a la ciudad antes que la
210 barca tocase en la orilla. ¡Locura! Cuando Manrique

▼ El esquema visión-persecución-pérdida se repite por tres veces en la leyenda
paralelamente al de entusiasmo-agitación-decepción del protagonista.

llegó, jadeante y cubierto de sudor, a la entrada, ya los que habían atravesado el Duero por la parte de San Saturio entraban en Soria por una de las puertas del muro, que en aquel tiempo llegaba hasta la margen del río, en cuyas aguas se retrataban sus pardas almenas.   215

IV

Aunque desvanecida su esperanza de alcanzar a los que habían entrado por el postigo de San Saturio, no por eso nuestro héroe perdió las de saber la casa que en la ciudad podía albergarlos. Fija en su mente esta   220 idea, penetró en la población y, dirigiéndose hacia el barrio de San Juan, comenzó a vagar por sus calles a la ventura.

Las calles de Soria eran entonces, y lo son todavía, estrechas, oscuras y tortuosas. Un silencio profundo   225 reinaba en ellas, silencio que sólo interrumpían, ora el lejano ladrido de un perro, ora el rumor de una puerta al cerrarse, ora el relincho de un corcel que piafando hacía sonar la cadena que lo sujetaba al pesebre en las subterráneas caballerizas.   230

Manrique, con el oído atento a estos rumores de la noche, que unas veces le parecían los pasos de alguna persona que había doblado ya la última esquina de un callejón desierto; otras, voces confusas de gentes que hablaban a sus espaldas y que a cada momento   235 esperaba ver a su lado, anduvo algunas horas corriendo al azar de un sitio a otro.

Por último, se detuvo al pie de un caserón de piedra, oscuro y antiquísimo, y al detenerse brillaron sus ojos con una indescriptible expresión de alegría. En   240 una de las altas ventanas ojivales de aquel que pudiéramos llamar palacio se veía un rayo de luz templada y suave, que pasando a través de unas

ligeras colgaduras de seda color de rosa, se reflejaba
245 en el negruzco y grieteado[11] paredón de la casa de
enfrente.

—No cabe duda; aquí vive mi desconocida —murmuró el joven en voz baja y sin apartar un punto sus
ojos de la ventana gótica—; aquí vive... Ella entró
250 por el postigo de San Saturio... Por el postigo de San
Saturio se viene a este barrio... En este barrio hay
una casa donde, pasada la medianoche, aún hay
gente en vela... En vela. ¿Quién sino ella, que vuelve
de sus nocturnas excursiones, puede estarlo a estas
255 horas?... No hay más; ésta es su casa.

En esta firme persuasión, y revolviendo en su cabeza
las más locas y fantásticas imaginaciones, esperó el
alba frente a la ventana gótica, de la que en toda la
noche no faltó la luz ni él separó la vista un
260 momento.

Cuando llegó el día, las macizas puertas del arco que
daba entrada al caserón, y sobre cuya clave se veían
esculpidos los blasones de su dueño giraron pesada-
mente sobre los goznes[12], con un chirrido prolongado
265 y agudo. Un escudero apareció en el dintel con un
manojo de llaves en la mano, estregándose[13] los ojos
y enseñando al bostezar una caja de dientes capaces
de dar envidia a un cocodrilo.

Verlo Manrique y lanzarse a la puerta, todo fue obra
270 de un instante.

—¿Quién habita en esta casa? ¿Cómo se llama ella?
¿De dónde es? ¿A qué ha venido a Soria? ¿Tiene
esposo? Responde, responde, animal —ésta fue la
salutación que, sacudiéndole el brazo violentamente,
275 dirigió al pobre escudero, el cual, después de mirarle
un buen espacio de tiempo con ojos espantados y
estúpidos, le contestó con voz entrecortada por la
sorpresa:

—En esta casa vive el muy honrado señor don

[11] Agrietado.

[12] Herrajes que une
la hoja de la puerta a
quicial.

[13] Restregándose.

Alonso de Valdecuellos, montero mayor de nuestro   280
señor el rey, que, herido en la guerra contra moros,
se encuentra en esta ciudad reponiéndose de sus
fatigas.

—Pero ¿y su hija? —interrumpió el joven, impacien-
te—. ¿Y su hija, o su hermana, o su esposa, o lo que   285
sea?

—No tiene ninguna mujer consigo.

—¡No tiene ninguna!... Pues ¿quién duerme allí en
aquel aposento, donde toda la noche he visto arder
una luz?   290

—¿Allí? Allí duerme mi señor don Alonso que, como
se halla enfermo, mantiene encendida su lámpara
hasta que amanece.

Un rayo cayendo de improviso a sus pies no le
hubiera causado más asombro que el que le causaron   295
estas palabras.

V

—Yo la he de encontrar, la he de encontrar; y si la
encuentro, estoy casi seguro de que he de conocerla...
¿En qué? Eso es lo que no podré decir..., pero he de
conocerla. El eco de su pisada o una sola palabra   300
suya que vuelva a oír, un extremo de su traje, un solo
extremo que vuelva a ver, me bastarán para conse-
guirlo. Noche y día estoy mirando flotar delante de
mis ojos aquellos pliegues de una tela diáfana y
blanquísima; noche y día me están sonando aquí   305
dentro, dentro de la cabeza, el crujido de su traje, el
confuso rumor de sus ininteligibles palabras. ¿Qué
dijo?... ¿Qué dijo?... ¡Ah!, si yo pudiera saber lo que
dijo, acaso...; pero aun sin saberlo, la encontraré...;
la encontraré; me lo da el corazón, y mi corazón no   310
me engaña nunca. Verdad es que ya he recorrido
inútilmente todas las calles de Soria; que he pasado

noches y noches al sereno, hecho poste de una
esquina; que he gastado más de veinte doblas de oro
315 en hacer charlar a dueñas y escuderos; que he dado
agua bendita en San Nicolás a una vieja, arrebujada
con tal arte en su manto de anascote[14], que se me
figuró una deidad; y al salir de la Colegiata, una
noche de maitines, he seguido como un tonto la
320 litera del Arcediano, creyendo que el extremo de sus
hopalandas[15] era el del traje de mi desconocida; pero
no importa...; yo la he de encontrar, y la gloria de
poseerla excederá seguramente al trabajo de bus-
carla.

325 ¿Cómo serán sus ojos?... Deben ser azules, azules y
húmedos como el cielo de la noche; me gustan tanto
los ojos de ese color; son tan expresivos, tan melancó-
licos; tan... Sí..., no hay duda: azules deben ser,
azules son seguramente, y sus cabellos, negros, muy
330 negros y largos para que floten... Me parece que los
vi flotar aquella noche, al par que su traje, y eran
negros...; no me engaño, no; eran negros.

—¡Y qué bien hacen unos ojos azules muy rasgados y
adormidos, y una cabellera suelta, flotante y oscura,
335 a una mujer alta...; porque... ella es alta, alta y
esbelta como esos ángeles de las portadas de nuestras basílicas, cuyos ovalados rostros envuelven en un
misterioso crepúsculo las sombras de sus doseles de
granito!

340 ¡Su voz!... Su voz la he oído...; su voz es suave como
el rumor del viento en las hojas de los álamos, y su
andar acompasado y majestuoso como las cadencias
de una música.

Y esa mujer, que es hermosa como el más hermoso
345 de mis sueños de adolescente, que piensa como yo
pienso, que gusta de lo que yo gusto, que odia lo que
yo odio, que es un espíritu hermano de mi espíritu,
que es el complemento de mi ser, ¿no se ha de sentir

[14] Tela de seda c
los hilos en diagona

[15] Vestiduras   ar
plias, faldones.

conmovida al encontrarme? ¿No me ha de amar
350 como yo la amaré, como la amo ya, con todas las
fuerzas de mi vida, con todas las facultades de mi
alma?

Vamos, vamos al sitio donde la vi la primera y única
vez que la he visto... Quién sabe si, caprichosa como
355 yo, amiga de la soledad y el misterio, como todas las
almas soñadoras, se complace en vagar por entre las
ruinas en el silencio de la noche.

*

Dos meses habían transcurrido desde que el escudero
de don Alonso de Valdecuellos desengañó al iluso
360 Manrique; dos meses durante los cuales en cada hora
había formado un castillo en el aire, que la realidad
desvanecía con un soplo; dos meses durante los
cuales había buscado en vano a aquella mujer
desconocida, cuyo absurdo amor iba creciendo en su
365 alma, merced a sus aún más absurdas imaginaciones, cuando, después de atravesar, absorto en estas
ideas, el puente que conduce a los Templarios, el
enamorado joven se perdió entre las intrincadas
sendas de sus jardines.

VI

370 La noche estaba serena y hermosa; la luna brillaba
en toda su plenitud en lo más alto del cielo, y el
viento suspiraba con un rumor dulcísimo entre las
hojas de los árboles.

Manrique llegó al claustro, tendió la vista por su
375 recinto y miró a través de las macizas columnas de
sus arcadas... Estaba desierto.

Salió de él, encaminó sus pasos hacia la oscura
alameda que conduce al Duero, y aún no había
penetrado en ella, cuando de sus labios se escapó un
grito de júbilo.   380

Había visto flotar un instante y desaparecer el
extremo del traje blanco, del traje blanco de la mujer
de sus sueños, de la mujer que ya amaba como un
loco.

Corre, corre en su busca; llega▼ al sitio en que la ha   385
visto desaparecer; pero al llegar se detiene, fija los
espantados ojos en el suelo, permanece un rato
inmóvil; un ligero temblor nervioso agita sus miembros, un temblor que va creciendo, que va creciendo,
y ofrece los síntomas de una verdadera convulsión, y   390
prorrumpe, al fin, en una carcajada, en una carcajada sonora, estridente, horrible.

Aquella cosa blanca, ligera, flotante, había vuelto a
brillar ante sus ojos; pero había brillado a sus pies
un instante, no más que un instante.   395

Era un rayo de luna, un rayo de luna que penetraba
a intervalos por entre la verde bóveda de los árboles
cuando el viento movía las ramas.

. . . .

Habían pasado algunos años. Manrique, sentado en
un sitial, junto a la alta chimenea gótica de su   400
castillo, inmóvil casi, y con una mirada vaga e
inquieta como la de un idiota, apenas prestaba
atención ni a las caricias de su madre ni a los
consuelos de sus servidores.

—Tú eres joven, tú eres hermoso —le decía aqué-   405
lla—. ¿Por qué te consumes en la soledad? ¿Por qué

El paso del pretérito indefinido al presente acerca el momento de esta nueva
rsecución.

no buscas una mujer a quien ames, y que amándote
pueda hacerte feliz?

—¡El amor!... El amor es un rayo de luna —mur-
410 muraba el joven.

—¿Por qué no despertáis de ese letargo? —le decía
uno de sus escuderos—. Os vestís de hierro de pies a
cabeza; mandáis desplegar al aire vuestro pendón de
rico hombre, y marchamos a la guerra. En la guerra
415 se encuentra la gloria.

—¡La gloria!... La gloria es un rayo de luna.

—¿Queréis que os diga una cántiga, la última que
ha compuesto mosén Arnaldo, el trovador proven-
zal?

420 —¡No! ¡No! —exclamó por último el joven, incorporándose colérico en su sitial—. No quiero nada...; es
decir, sí quiero: quiero que me dejéis solo... Cánti-
gas..., mujeres..., glorias..., felicidad..., mentiras
todo, fantasmas vanos que formamos en nuestra
425 imaginación y vestimos a nuestro antojo, y los
amamos y corremos tras ellos, ¿para qué?, ¿para
qué? Para encontrar un rayo de luna▾.

Manrique estaba loco; por lo menos, todo el mundo
lo creía así. A mí, por el contrario, se me figura que
430 lo que había hecho era recuperar el juicio▾▾.

▾ Cfr. con las rimas LXIX y LXXII. Toda la «aventura» de Manrique ha sido, ⬦
realidad, una aventura interior y acaba en el desengaño.

▾▾ El narrador, contra la opinión común, está íntimamente de acuerdo con
personaje.

COMENTARIO 5 («El rayo de luna»)

— *Esquematiza los principales episodios que ocurren en la leyenda.*

¿Cómo aparece caracterizado moral y físicamente el protagonista? ¿Qué papel juegan los demás personajes?

— *¿De qué manera está presente el narrador en el relato? ¿Toma partido, a favor o en contra, del protagonista o de otros personajes?*

— *¿En qué época y en qué lugares se sitúa la historia? ¿Cómo afecta ello al sentido de la leyenda?*

— *¿Predomina en el texto la descripción, o la narración de acontecimientos propiamente dicha?*

Señala con qué medios lingüísticos se expresa la agitación de Manrique en los fragmentos en que éste habla.

La enumeración y la disposición en serie de elementos del mismo valor sintáctico es frecuente en la prosa de Bécquer; busca ejemplos que lo prueben.

— *Busca en la leyenda el léxico referido a la luz y a las sombras, al aire, al movimiento al misterio.*

— *Precisa el tema de la leyenda. ¿Se hace explícito en algún fragmento?*

— *¿Puedes relacionar esta leyenda con alguna rima?*

APÉNDICE

EL ESCUCHADOR
(Gustavo Adolfo Bécquer)

Mueve el viento.
Mueve el velo.
Quedo.

Mueve el aire.
Mueve el arce.
Vase.

Luz sin habla.
Voz callada.
Clara.

Sombra justa.
Suena muda.
Luna.

Y él la escucha.

Vicente Aleixandre (1898-1984).
Retratos con nombre, 1965.

ESTUDIO DE LA OBRA

En 1871, a los pocos meses de la muerte de
Bécquer, unos cuantos amigos publican sus obras,
recogiéndolas de los periódicos en que habían ido
apareciendo o de los manuscritos. Costeadas por
suscripción pública, se imprimen en la imprenta
Fortanet y son prologadas por Ramón Rodríguez
Correa. En esos dos volúmenes se contiene lo que está
destinado a ser el mayor monumento del romanticismo literario español.

Rimas

Las 79 rimas constituyen, en realidad, un solo
poema de amor. Bécquer, el poeta, como probablemente todos los poetas, no deja nunca de hablar de sí
mismo: su vida interior. Y se lo dice a un «tú», como

si de una carta o de una conversación se tratara, que nombra a la mujer que le ama, a la que un día le amó, a la que le abandonó. Todo el camino que va desde el presentimiento del amor hasta el fracaso, desde el momento en que el amor aparece hasta el momento de la soledad en que no habrá más que la obsesión del recuerdo, se recorre a lo largo de las rimas.

Es un camino que parece tener un solo sentido, un camino recto. Bécquer no escribió las rimas en el orden en que hoy las leemos; ni tampoco en el orden en que él mismo las copió en el *Libro de los gorriones*. Ignoramos la fecha en que está escrita cada una de las rimas y también en qué circunstancias concretas se escribieron, a qué mujer o mujeres se refieren. Los amigos de Bécquer las ordenaron como si de una sola historia se tratase. Y tuvieron, seguramente, razón al hacerlo, por más que en la biografía del poeta hayan existido varias mujeres; Julia Espín, Casta Esteban, nombres, fechas, acontecimientos, lugares: siempre sabremos demasiado poco de su vida real. En el fondo es siempre el mismo amor.

El poeta escribe para hablar del amor; éste se ha presentado, alguna vez, como armonía y plenitud, como experiencia de un orden perfecto en el que no hay separaciones mi límites, sino unión: del individuo con la naturaleza, de las realidades con los deseos, del mundo con Dios.

Ahora bien, tal plenitud es, justamente, la poesía, es el «himno gigante y extraño» que, en la rima I, el poeta dice saber. Pero el lenguaje humano, «mezquino idioma», no puede dar cuenta de esa realidad extraordinaria y conmovedora. Al poeta le queda poderosamente grabado el recuerdo de ese sentimiento y, sin embargo, las palabras no le sirven para decir lo que quiere decir; las palabras son insuficientes, pero es lo único que tiene. Sin ellas, nada quedaría.

Decide hablar, pues, decide escribir. Pero, ¿cómo hacerlo? Sólo un lenguaje distinto al de todos los días podría ayudarle; un lenguaje que vaya más allá del lenguaje verbal articulado que expresa lógicamente ideas. Pues no se trata aquí de ideas, sino de sentimientos («suspiros y notas»), de imágenes («colores») y de música («notas»). Se trata de sugerir más que de decir, de llamar en auxilio a la vida misma para que entre en el poema; el poeta se conformaría con poder cantarle ese himno a solas a su amada, y hay que dejar bien claro que los poemas son un fracaso porque lo que verdaderamente importa es la poesía. Y el amor.

Eso explica la aparente sencillez del lenguaje de las rimas: Bécquer no quiere que sus poemas «parezcan poéticos» por sí mismos, sino que nombren, o al menos evoquen, a la verdadera poesía, que está en otra parte, en la naturaleza, en el misterio, en los sentimientos, en el amor (rima IV).

Sencillez aparente: Bécquer no es un poeta descuidado que escriba por las buenas en un rapto de inspiración. Las correcciones de sus manuscritos, las expresiones y motivos que una y otra vez reaparecen en sus obras, lo probarían, si la simple lectura de las rimas no fuera suficiente.

Estructuras de las rimas

La «música» de las rimas, el ritmo, lo toma a la vez de la tradición culta y de la popular; junto a versos de 10, 11 y 12 sílabas, versos de 5, 6, 7 y 8; en algunas ocasiones, unas estrofas se construyen con endecasílabos y heptasílabos, y otras con octosílabos (rima XXVII); pero son los endecasílabos combinados con heptasílabos los versos preferidos de Bécquer.

El ritmo del heptasílabo —o a veces del pentasílabo— quiebra, refrena el del endecasílabo: sugiere agitación o temblor. «Su verso es un verso trémulo —ha dicho Dámaso Alonso—, su avance musical tiene un temblor de agua o de cuerda. Temblor externo, como el de la voz del hombre cuando más se deja traspasar de emoción, que es un signo del apasionamiento y el temblor del alma.»

Sólo muy excepcionalmete recurre Bécquer a estrofas clásicas (que había cultivado en sus primeros poemas). De la misma manera, evita la rima consonante, y la asonancia, más leve, más imperceptible y por eso más sugerente —también más ligada a las formas populares y tradicionales— predomina absolutamente en sus poemas.

La sugerencia y la brevedad son esenciales en las rimas. Bécquer lo aprendió, probablemente, de la poesía popular y de poetas como Eulogio Florentino Sanz, Selgas, Ferrán, que habían descubierto con entusiasmo un clima lírico de origen alemán que unía, a la brevedad, musicalidad e intensidad (Schiller, Rückert, Heine). Añádase a ello la influencia de la música vocal de Schubert y Schumann, que, siendo un gran aficionado a la música, bien pudo conocer.

Otros dos aspectos sobresalen en la estructura de las rimas: de un lado, el paralelismo; de otro, las construcciones antitéticas o adversativas. Numerosas rimas se organizan mediante el primer procedimiento. Éste introduce, efectivamente, un orden (cuya necesidad Bécquer evoca con frecuencia, por ejemplo en la rima III). Además, la repetición de una estructura sintáctica acentúa en el lector una sensación de entusiasmo o de abatimiento, hace mayor el peso de la emoción.

Por su parte, la antítesis o las estructuras adversativas expresan, ya que no resuelven, una contradicción esencial en las rimas: el yo frente al tú, la inspiración frente a la razón, la luz frente a la oscuridad...

Particular interés tiene también el final de muchas rimas. Una expresión muy breve, una exclamación, significan saber callar a tiempo, en el momento más alto de la emoción. En otras ocasiones, el final es una explicación —por ejemplo, de imágenes previas— o una frase sentenciosa, sobre las cuales, no obstante, prevalece el clima emocional creado en las estrofas anteriores.

El lenguaje poético

Leer las rimas, como leer cualquier poema, es percibir al mismo tiempo un sentimiento, una estructura y una forma. La retórica, es decir, la elección de un lenguaje, no es el adorno que se pone artificialmente a un tema que exista previamente, sino la única manera de decir lo que se quiere decir. No lo es nunca, y, desde luego, no lo es en Bécquer. Un encabalgamiento, por ejemplo, el de los primeros versos de la rima XXXVII:

«Antes que tú me moriré: escondido
en las entrañas ya
el hierro llevo con que abrió tu mano
la ancha herida mortal» (...)

hace decir, al mismo tiempo, que un hierro está escondido en las entrañas (lectura sintáctica) y que el poeta morirá escondido (lectura rítmica). Una metáfora hace decir, en los mismos versos, que el poeta lleva clavado un hierro y que el amor es ese hierro, esto es, que duele como él. Unas escasas palabras se cargan así de significados gracias al uso que el poema les da. La abundancia de figuras de repetición sintáctica (anáforas, bimembraciones, paralelismos ya mencionados); los hipérbatos; la frecuente anteposición de adjetivos que les da un valor emocional; la variedad de la entonación (frases exclamativas, interrogativas...), constituyen algunos de los aspectos esenciales del lenguaje de las rimas.

Igualmente esenciales son las imágenes, es decir, la representación de experiencias sensoriales: sonido, vista, tacto, movimiento. Necesarias cuando se pretende expresar, como aquí ocurre, algo confuso, interior, inefable quizás, son extraordinariamente abundantes en las rimas, y en ocasiones los poemas se construyen mediante acumulación de las mismas (rimas II, III, V...). Pero, sin embargo, las imágenes nunca sustituyen a los términos reales, como en cierto modo ocurre en la poesía clásica y barroca: el poema no es un artefacto verbal, un objeto lingüístico, sino un camino —como antes indicábamos— hacia la poesía, que está fuera de él.

Las imágenes más frecuentes en las rimas son las referidas a la luz y al movimiento; lo que se mueve y lo que corre, lo que se expande y asciende, expresa la animación del mundo —el mundo tiene alma— y la de la propia poesía. Y en la luz se da ejemplarmente el movimiento. El poeta, que siente ese dinamismo, quiere confundirse con él, aspira hacia la luz, expresión de aquella plenitud que sintió y recuerda, idea pura, absoluto representado en la mujer (rima XI).

Las cuatro series

Pero el absoluto no se alcanza: la realidad que una vez se vislumbró choca con la monotonía, con el mundo real; el amor que provocó la exaltación se olvida y sólo queda el dolor; la mujer ideal es inalcanzable y en su lugar aparece una mujer real, cruel y sin sentimientos. Toda la plenitud pertenece al pasado y sólo se alcanza por los sueños —acaso fue ella misma un sueño—, lo que se convierte en uno de los motivos centrales de la poesía de Bécquer.

Y éstos son los temas de las rimas: a la reflexión sobre la poesía (rimas I-XI) sucede la exaltación amorosa (XII-XXIX); tras ésta, el desengaño (XXX-LI) y, finalmente, un sentimiento de dolor y angustia que se proyecta sobre la condición humana, la muerte, la pregunta por la inmortalidad (LII-LXXIX). Tales temas coinciden con las cuatro series que José Pedro Díaz considera en las rimas a partir de la ordenación que adquirieron en la edición de 1871.

El «mezquino idioma» es, al final del camino y paradójicamente, el único que nos revela aquel «himno gigante y extraño».

Leyendas

El Monte de las Ánimas, *Maese Pérez el organista* y *El rayo de luna*, tres de las leyendas de Bécquer más conocidas, son particularmente significativas de las ideas y sentimientos que aparecen en el fondo de las restantes, así como de una manera de contar.

Los temas

Dos temas fundamentales aparecen en las leyendas: la fuerza del amor y la presencia, en la vida cotidiana, de lo sobrenatural y maravilloso.

En *El Monte de las Ánimas*, la fuerza del amor lleva a Alonso a la muerte; en *El rayo de luna*, el amor, como la mujer que lo encarna, resultan ser ilusiones, sueños, capaces con todo de provocar la locura.

Los espectros salen a la luz la noche de difuntos y la banda azul de Beatriz es transportada misteriosamente a su habitación; el órgano de Maese Pérez, que conoció la santidad y el genio de su dueño, toca solo. Las gentes sencillas (las dueñas, el cazador perdido en *El Monte de las Ánimas*, la mujer que charla a la puerta de la iglesia en *Maese Pérez...*) reconocen, con temor o alegría, pero siempre con toda naturalidad, esa presencia de lo sobrenatural, que transforma y conmociona al mundo.

Ambos temas guardan entre sí relación: expresan los dos la insuficiencia de la razón para comprender el mundo. La razón no puede dominar la pasión de Alonso ni que Manrique renuncie a un sueño absurdo; no puede explicar los fenómenos misteriosos de la noche de difuntos ni el regreso de Maese Pérez a tocar su viejo órgano. La realidad, sea la que habita en el interior del hombre, sean los hechos que ocurren fuera de él, no es racional.

Eso produce, a veces, desasosiego, pues es evidente que la vida de todos los días, la de Bécquer, que escribe en *El Contemporáneo*, o la de los lectores de ese periódico, no es así. Desasosiego o incredulidad: es, cuando el narrador empieza a contar, hablar por hablar, contar para lograr lo que siempre ha buscado el relato, entretener.

Y sin embargo, inmediatamente, el narrador asiente, manifiesta estar de acuerdo con Manrique y con la mujer que habla en *Maese Pérez...:* lo que quizás era posible creer en el pasado remoto en que las leyendas se sitúan —la Edad Media, el siglo XVI—, puede ser creído todavía. La tradición se impone al presente y dice, más que el presente, la verdad.

Por eso recurre Bécquer al género de las leyendas, que durante el romanticismo alcanzó un extraordinario auge. Ante el presente, lleno de prosaísmo y de conflictos, los escritores románticos buscan un mundo supuestamente más armónico en el pasado y en un pueblo cuya vida, unida a la naturaleza y a la fe, se encuentra al margen de conflictos sociales o políticos.

Naturalmente, tal pueblo no ha existido nunca, pero los románticos lo idealizan y exaltan. Y no sin motivo, pues si ese pueblo dice la .verdad, ello justifica el tradicionalismo de muchos románticos, como el propio Bécquer, en política y en religión.

¿Y qué es lo que dicen la tradición y el pueblo? Que el bien no está en este mundo y que no existe, en la tierra, amor feliz. Pero que más allá de los fracasos y limitaciones humanas, alienta el espíritu. Que la fe será alguna vez recompensada. Que la religión (y el arte) son los únicos caminos hacia lo sobrenatural.

Verdad es que estos temas —algunos de los cuales coinciden con los de las rimas— no son originales; resultan, en cambio, particularmente intensos por la manera de contar.

El lenguaje

Un narrador que oscila entre la distancia y la toma de partido; unos personajes claros y bien definidos; una localización espacial y temporal remota, y un desenlace maravilloso, pero no inesperado, son los elementos con que se construyen las leyendas. Y, desde luego, un lenguaje excepcionalmente afortunado, nuevo, éste sí, en la literatura española. Analicémoslo brevemente:

El Monte de las Ánimas y *Maese Pérez*... se inician con la aparición de un narrador (el periodista Gustavo Adolfo Bécquer) que dice, con algo de ironía y de distancia, haber oído la tradición que va a referir. Sin embargo, esa leve ironía desaparece inmediatamente y pronto el narrador se entrega al relato, aceptándolo tal cual es, tal cual le ha sido contado. Esta toma de partido es evidente en *El rayo de luna*.

Los protagonistas de las leyendas responden a dos modelos de los más característicos de Bécquer: el enamorado, valiente y frágil a la vez (Manrique) y el poeta-artista, que consigue el ideal al que aspira (Maese Pérez) o que fracasa en su búsqueda (Manrique). Con escasa o nula complejidad psicológica, estos protagonistas parecen más bien soportes de ideas y motivos muy arraigados en Bécquer: y no es casual que quien aspira al amor no lo consiga y sí lo alcance el que mira hacia Dios, hacia lo sobrenatural.

Ya hemos indicado que el tiempo en que se sitúan los acontecimientos es un tiempo lejano, aludido vagamente (trovadores, caballeros, castillos...). El espacio es la naturaleza (montes, ruinas en que la naturaleza se ha impuesto sobre las construcciones humanas) o bien —en *Maese Pérez...*— una iglesia, el ámbito de lo sagrado. Ambos representan lo originario, lo espontáneo, lo no contaminado por la civilización ni por la razón.

Las leyendas de Bécquer tienen una estructura argumental característica: situaciones que se describen exhaustivamente, como pequeñas escenas, y un cierto aplazamiento de los episodios fundamentales (piénsese, por ejemplo, en la tardía aparición del protagonista en *Maese Pérez...*). Una atmósfera creada detenidamente, a veces premonitoria, en que lo propiamente narrativo, la sucesión de acontecimientos, tarda en aparecer. Como si lo importante fuese más lo que ocurre dentro de los personajes (el miedo de Beatriz, las ensoñaciones de Manrique) que los hechos exteriores. Cuando tales hechos se producen, y al final el más importante de ellos, la conmoción que producen a los personajes es total.

Tres aspectos de la prosa de Bécquer tienen especial interés: en primer lugar, la búsqueda de un ritmo conseguido mediante enumeraciones y, frecuentemente, mediante series fijas de dos o tres elementos de la misma función sintáctica; en segundo lugar, la insistencia en la descripción de imágenes plásticas y sonoras; en fin, la diversidad de registros que adopta, buena muestra de la cual es el contraste entre el lenguaje de la mujer y el del narrador en *Maese Pérez*... Si este último rasgo nos recuerda otra dimensión de la escritura de Bécquer, autor de artículos de temas y tonos bien diversos, periodista en suma, los dos primeros nos lo sitúan como creador de lo que se ha llamado el poema en prosa en castellano, y como precursor de una nueva sensibilidad, la que el modernismo introducirá en la literatura española.

Bécquer en la literatura española

Las leyendas se habían publicado en periódicos en vida de Bécquer. No así la mayor parte de las rimas. Las que aparecieron en *La Ilustración de Madrid* (XXX y XXXVII) dieron a los lectores la imagen de un poeta desgraciado, víctima de un amor infeliz. Es sólo una de las imágenes posibles, pues, como sabemos, junto a un Bécquer desengañado que utiliza el sarcasmo para expresar su dolor, hay en él exaltación, ternura y búsqueda de una realidad trascendente, metafísica. Hay rimas directamente ligadas a la biografía y otras en las que la anécdota queda atrás y el poeta se interna en la hondura del sueño, en la creación de un mundo propio y distinto. Hay rimas descriptivas y otras reflexivas, y otras, tal vez las mejores, en las que el poeta expresa sólo su emoción, sin que las cosas reales le estorben la contemplación de su alma.

Las ediciones de Bécquer, tras la de 1871, se sucedieron, fue, en seguida, un poeta —y un prosista— leído y admirado. En la España de la Restauración (1874-1902) un público lector en aumento encuentra en él, frente a la aridez del realismo, un refugio romántico y sentimental, que acaso empequeñece al poeta, limitándolo a los ocios burgueses, a las muchachas soñadoras y a una tristeza inocua. Algunas rimas se hacen populares (por ejemplo, la VII y la LXXIII, que Menéndez Pelayo recoge en sus *Cien mejores poesías líricas de la lengua castellana*) y se leen y se aprenden de memoria en las escuelas.

Son los grandes poetas del 98, Unamuno y Machado, quienes descubren en Bécquer a un poeta necesario. *Teresa*, un libro de poemas del primero (1924), lleva como subtítulo *Rimas de un poeta desconocido...*, en evidente homenaje; y Machado encuentra en las *Rimas* una expresión ejemplar de su propia idea de la poesía como captación y manifestación de la temporalidad. El tema del sueño, esencial en los noventayochistas, también los liga a Bécquer: «De toda la memoria sólo vale / el don preclaro de evocar los sueños», escribirá Machado. Asimismo, son incomprensibles, sin Bécquer, las primeras obras de Juan Ramón Jiménez, que siempre verá en él la mejor línea de la poesía española (la «abierta» del Romancero o de San Juan de la Cruz, frente a la «cerrada» de Garcilaso o Góngora).

El mismo poeta esencial es Bécquer para los poetas del 27, por alejados que estén, en muchos sentidos, del concepto romántico de poesía. Muchas cosas les acercan a él: la síntesis que intentan entre lo popular y lo culto (neopopularismo de los primeros Lorca y Alberti, por ejemplo), la libertad formal, y también las imágenes y visiones como de sueño. Aunque los del 27, poetas modernos, se resistan a confundir los sueños con la realidad y la poesía con la vida. Alberti titula cada una de las partes de *Sobre los ángeles* (1929): «Huésped de las nieblas»; Cernuda, un libro de poemas, *Donde habite el olvido* (1934); Bergamín, más tarde, *Esperando la mano de nieve* (1982). Vicente Aleixandre es el autor del poema con que iniciábamos estas notas. Guillén y Dámaso Alonso, Gerardo Diego y Cernuda, escriben algunos de los artículos más lúcidos sobre la poesía de Bécquer. Al de Cernuda pertenecen estas palabras: «Bécquer desempeña en nuestra poesía moderna un papel equivalente al de Garcilaso en nuestra poesía clásica: el de crear una nueva tradición, que lega a sus descendientes.»

BIBLIOGRAFÍA

Biografías

BROWN, Rica: *Bécquer*, Ed. Aedos, Barcelona, 1963.
Obra exhaustiva, imprescindible para el conocimiento del autor

MONTESINOS, Rafael: *Bécquer. Biografía e imagen*, Ed. R. M. Barcelona, 19
Insiste en aspectos como la imagen romántica de Bécquer, sus relacio
con la política y su vida sentimental. El abundante material gráfico que
acompaña es del máximo interés.

Estudios generales

ALONSO, Dámaso: *Poetas españoles contemporáneos*, Ed. Gredos. Madrid (1978
Muestra la originalidad del poeta frente a las influencias literarias y
carácter innovador en la poesía española.

CELAYA, Gabriel: «La metapoesía de Gustavo Adolfo Bécquer», en *Explora
de la poesía*, Ed. Seix Barral. Barcelona, 1971.
Estudia el concepto de la poesía de Bécquer como algo que está más allá
propio poema —metapoesía— y analiza las consecuencias de tal conce
en la propia expresión formal de las rimas.

RNUDA, Luis: «Gustavo Adolfo Bécquer», en *Estudios sobre poesía española contemporánea*, Ed. Guadarrama. Madrid, 1975.
Artículo en el que se resumen ideas fundamentales sobre la poesía de Bécquer.

AZ, José Pedro: *Gustavo Adolfo Bécquer. Vida y poesía*, Ed. Gredos. Madrid (1971)[3].
La primera parte de la obra es una biografía; la segunda, un detenido estudio sobre las rimas: influencia, teoría poética, cronología y publicación, tema, estructura y lenguaje.

ZZ TABOADA, Juan María: *La mujer ideal. Aspectos y fuentes de las rimas de Gustavo Adolfo Bécquer*, C.S.I.C. Madrid, 1965.
Estudia, además de las fuentes, los poemas en sí mismos y su relación con la concepción poética de Bécquer.

RCÍA VIÑÓ, Manuel: *Mundo y trasmundo de las leyendas de Bécquer*, Ed. Gredos. Madrid, 1970.
Estudio ameno que puede utilizarse como una introducción a las leyendas de Bécquer.

ILLÉN, Jorge: «Bécquer o lo inefable soñado», en *Lenguaje y poesía*, Ed. Alianza. Madrid, 1969.
Estudio de la teoría poética de Bécquer, experiencia de lo inefable que sólo a través del recuerdo, el sueño y un lenguaje basado en la sugestión, alcanzará a expresarse.

© GRUPO ANAYA, S. A., 1985
© De esta edición: GRUPO ANAYA, S. A. Juan Ignacio Luca de Tena, 15. 28027 Madrid - Depósito Legal: M.-46.492/1999 - ISBN: 84-207-2593-5 - Impreso en Varoprinter, S. A., Artesanía 17. Polígono Industrial de Coslada (Madrid). Impreso en España/Printed in Spain.